COMMENT
DÉVELOPPER
UNE ENTREPRISE DE
MARKETING DE RÉSEAU
AXÉE SUR LA
NUTRITION
RAPIDEMENT

KEITH & TOM « BIG AL » SCHREITER

Publié par Fortune Network Publishing
PO Box 890084
Houston, TX 77289 USA

Telephone: +1 (281) 280-9800

BigAlBooks.com

ISBN-13: 978-1-948197-76-2

TABLE DES MATIÈRES

BIG AL
WORKSHOPS

Ce livre est dédié aux gens de marketing
de réseau de partout.

Je voyage de par le monde plus de 240 jours chaque année.
Laissez-moi savoir si vous souhaitez que tienne une
formation (Big Al Training) dans votre secteur.

→**BigAlSeminars.com**←

Tous les livres de
Tom « Big Al » Schreiter
sont disponibles à :

**BigAlBooks.com/
French**

PRÉFACE

Est-ce que nous faisons la promotion de produits de nutrition pour la santé et le bien-être ?

Si tel est le cas, ce livre sera une mine d'idées sur la façon d'amener nos prospects à devenir clients, représentants ou distributeurs.

Toutes les idées présentées ici ne seront pas taillées pour des situations idéales. Mais il suffit d'une bonne idée pour changer à jamais notre activité et nos revenus.

Dans ce livre, nous couvrirons les principales choses à dire et à faire pour mettre en valeur nos produits et nos opportunités. Souvenez-vous que c'est la qualité et non la quantité des idées qui fait la différence. Et surtout, qu'une bonne idée doit être mise en pratique pour fonctionner.

Les produits de santé ont un caractère « préventifs. » Ils sont donc parfois difficiles à promouvoir. Pourquoi ? Parce que nos prospects peuvent ne pas voir ou ressentir une différence immédiate.

En publicité on sait que : « Vendre la prévention est difficile. Vendre un remède est facile. »

Nos prospects agiront rapidement pour trouver un remède. En voici un exemple.

On reçoit un avis de notre dentiste nous informant que notre examen annuel approche. Nous ne sommes pas très motivés.

Puis, peu de temps après, on est aux prises avec un mal de dents. On prend alors des mesures immédiates et on contacte le dentiste pour un rendez-vous.

Dans la plupart des pays, les produits de nutrition sont classés dans la catégorie « prévention. » Les produits pharmaceutiques, au contraire, sont classés dans la catégorie « remèdes. »

Mais ne perdez pas espoir. On peut apprendre à dire et à faire des choses très percutantes pour commercialiser nos produits reliés à la santé. Utiliser les bonnes techniques et les bons mots fera toute la différence.

Veuillez noter que de nombreux états, pays et organismes de santé imposent une législation différente. Et bien sûr, chaque compagnie a aussi mis en place ses propres directives. Alors puisque ce qu'on peut dire et ne pas dire change fréquemment, mieux vaut vérifiez les règles actuelles concernant les affirmations et les conseils en matière de santé que vous pouvez utiliser auprès de votre entreprise.

Tous les exemples présentés dans ce livre nous aideront à créer des mots plus appropriés, et surtout, qui donnent des résultats. Nos mots pourront aider davantage de personnes à tirer profit de ce que nous offrons.

Sautons dans le vif du sujet et découvrons ensembles des choses fantastiques à dire et à faire.

DÉCISIONS.

Nous sommes dans le domaine de la « prise de décision. » Notre compagnie fournit les produits, le site web, les avocats, le service à la clientèle, et se charge même d'expédier directement à nos clients.

En fait, notre société peut tout faire sauf...

Amener les prospects à dire « oui » pour devenir clients, représentants ou distributeurs.

C'est la raison pour laquelle la compagnie a besoin de nous.

La compagnie fait presque tout. Notre mandat est d'obtenir un « oui » de la part de nos prospects.

Ouf ! Quel soulagement ! Pourquoi ?

Parce qu'en fait, notre travail est simple. Une fois que nous avons compris comment les prospects prennent des décisions, ont peut développer une énorme organisation, dans un temps record. Trouver de nouveaux clients ? Facile. Trouver de nouveaux équipiers ? Pas de problème.

Le mystère qu'il reste à élucider est donc : « Comment les prospects prennent-ils leurs décisions ?

La réponse pourrait bien nous surprendre.

Sautons dans le vif du sujet.

Ce n'est pas de cette façon que les gens prennent des décisions :

- Attendre que l'univers leur envoi un signe.
- Écouter les voix qui murmurent dans leur tête.
- 10 000 raisons pour, et 9 000 raisons contre.
- Assister à une présentation d'une heure, regarder des vidéos et parcourir un document PowerPoint, écouter des témoignages et, après avoir ingurgité toute cette information, faire le bilan et prendre une décision logique basée sur les faits.

C'est peut-être ce que certains nous ont enseigné, mais la réalité est bien différente.

Si nous savions précisément comment les humains prennent leurs décisions, quelle serait la valeur de cette information pour nous ?

Des millions de dollars.

Alors voici pourquoi nous devrions continuer à lire ce qui suit.

Voici la version courte.

La science de la décision est un sujet très vaste. Nous n'en traiterons pas dans ce livre. Tout ce qu'on doit apprendre, ce sont les quatre étapes simples à suivre pour amener nos prospects à dire « oui, » afin que notre entreprise de marketing relationnel prenne son envol.

Étape # 1. Établir une connexion. Si nos prospects ne nous font pas confiance ou ne nous aiment pas, alors rien de ce que nous pourrons leur présenter n'obtiendra une oreille attentive. Heureusement, nous avons besoin de quelques secondes seulement pour obtenir la confiance et la crédibilité dont nous avons besoin.

Étape # 2. Briser la glace. Maintenant que nos prospects nous écoutent, on peut insérer notre entreprise dans la conversation. Très souvent, nos prospects prendront leur décision finale « oui » à cette étape, selon la façon dont on aura décrit notre entreprise. Si nous l'avons bien fait, nos prospects penseront : « Oui, ça me semble très bien. Je veux ça. »

Étape # 3. Conclure. Après avoir donné à nos prospects un bref aperçu de notre entreprise dans notre brise-glace, on aura activé quelques programmes emmagasinés dans leurs cerveaux. Par exemple, celui qui leur rappelle le désir de vivre longtemps. Ou un autre programme qui leur dicte qu'ils méritent de gagner plus d'argent. Pour ces prospects, la décision « oui » est instantanée. Et pour les autres ? Nous pouvons les inciter à prendre une décision, « oui » ou « non, » en utilisant seulement une ou deux phrases.

Les trois étapes ci-dessus peuvent nécessiter environ 15 secondes. Détendez-vous. C'est difficile à croire pour l'instant, mais nous verrons comment cela fonctionne dans ce livre.

Étape # 4. Si la réponse à l'étape 3 est « oui, » alors et uniquement alors, nous ferons une présentation.

Et c'est tout. Notre présentation pourrait ne durer que 15 secondes, ou aussi longtemps que nos prospects le souhaitent. Dans ce livre, nous couvrirons de nombreuses mini-présentations qui ne durent que quelques phrases.

Revenons à la version courte. Nous allons apprendre ces quatre petites étapes, et nous obtiendrons des décisions « oui. » Alors préparez-vous à accueillir d'autres clients et équipiers.

Mais tout d'abord, on doit trouver des gens à qui parler.

À QUI PARLER EN PREMIER ?

Avant de pouvoir utiliser les quatre étapes de la conversation, on doit d'abord avoir quelqu'un à qui parler. Comment obtenir un rendez-vous pour parler aux autres ?

Jetons un coup d'œil aux trois types de prospects.

D'abord, nos parents et nos amis proches.

Il y a un vieux dicton qui dit : « Les chiens savent qui mordre. »

Les personnes qui nous connaissent le mieux pourront déceler si nous tentons de leur vendre quelque chose. Ils pourront percevoir le désespoir et le motif caché. Alors, s'ils sont aptes à percevoir nos intentions, que devrait être notre motivation ?

Le désir de les aider.

Avant de parler à nos parents et amis proches, réfléchissons à nos motifs ou motivation. Qu'est-ce qu'un motif ? L'ensemble de nos pensées et nos intentions envers le résultat espéré.

Les prospects remarquent notre ton de voix, nos micro-expressions faciales et notre langage corporel. Quelles que soient nos intentions, elles feront surface. Nos motifs cachés auront plus d'impact que les mots que nous utiliserons.

Donc, avant d'ouvrir la bouche, ancrons les bons motifs dans notre esprit. On doit penser à :

1. Je désire les aider.

2. Je vais leur proposer une « option. »

3. Ils peuvent décider si cette option leur convient ou non.

Et quelle sera cette option ?

Nous pouvons leur offrir la possibilité d'avoir un deuxième revenu dans leurs vies, se forger un meilleur système immunitaire, ou prendre soin de leur corps pour vivre plus longtemps.

Mais n'oubliez pas : nous leur offrons une option. Cela qui implique de mettre de coté toute technique de vente agressive sous pression.

Voyons-le comme le fait de référer un restaurant. On peut recommander un resto à nos parents et amis proches, mais c'est possible s'ils choisissent de ne pas y aller.

Nos prospects apprécient les options supplémentaires dans leurs vies, comme tout le monde. Nous leur disons en fait : « C'est une option de plus dans votre vie. Vous pouvez profiter de cette option maintenant, plus tard ou jamais. Vous aurez toujours cette option supplémentaire. »

Il n'y a donc pas de rejet et pas de pression. On donne simplement une option à nos prospects. Fin de l'histoire.

Nos parents et amis proches nous connaissent bien. Ils détecteront tout de suite nos intentions.

Que dire aux parents et aux amis proches.

Nous bénéficions d'une connexion et de la confiance de ces personnes. Ils nous connaissent déjà. Cependant, on se sentira coupables s'ils pensent qu'on tente simplement de gagner de l'argent à leurs dépens. Le fait d'avoir comme motif de leur offrir une « option » nous aidera à éviter cette culpabilité.

Malgré cela, on peut tout de même hésiter à approcher toutes les personnes qu'on connaît. Certaines personnes sont intimidantes. Nous n'avons aucune idée de la façon de les approcher sans être rejetés.

Pour résoudre ce problème, nous pouvons utiliser la formule « confortable/inconfortable. » Elle nous permet de les aviser que nous avons une opportunité à leur proposer, tout en leur fournissant une porte de sortie pour éviter qu'ils se sentent piégés. Voici un exemple de cette formule en action.

« Mary, je suis parfaitement à l'aise avec ta décision de regarder ou non mon entreprise. Mais j'étais mal à l'aise de ne pas t'offrir d'y jeter un coup d'œil, et que tu penses que je me fiche de ton opinion. »

Que ressent Mary lorsqu'elle entend cette invitation à en apprendre davantage sur notre entreprise ? Si elle est intéressée, elle sera honorée que nous ayons choisi de lui en parler tout de suite. Si elle n'est pas intéressée, nous lui avons indiqué qu'elle pouvait ne pas vouloir connaître notre entreprise. Elle se sent à l'aise de dire non aussi. Nous n'avons pas mis en péril notre amitié, et on ne se sent pas coupables. De plus, on peut approcher tout le monde avec cette formule.

Prenons un autre exemple.

« David, j'écoute ce soir une présentation d'entreprise en ligne. C'est un business que tu peux faire aussi. Je suis à l'aise si tu veux te joindre à moi ce soir, ou non. C'est comme tu veux. Je ne sais même pas ce que tu as prévu ce soir. Mais je me sentais mal à l'aise de ne pas te parler de cette entreprise. »

Comment se sent David ? Bien. Il a des options. Il ne se sent pas jugé et on ne remet pas en question notre amitié selon l'option qu'il choisira.

Un autre exemple ?

« Salut, Laura. J'en ai eu assez de faire deux boulots pour gagner plus d'argent, alors j'ai créé une entreprise à temps partiel de la maison. J'ai pensé que cela pourrait être intéressant pour toi aussi. Je suis confortable si tu veux y jeter un coup d'œil, ou pas. Je me sentais juste inconfortable de ne pas t'en parler. »

Avec cette technique (à l'aise/mal à l'aise ou confortable/ inconfortable), on ne prend que les volontaires.

Les volontaires sont prêts à agir. Si on doit insister pour obtenir un rendez-vous, quel est le signal ? Soit nos prospects sont sceptiques face à notre proposition, soit ça n'est pas le bon moment pour eux. Dans les deux cas, tout le monde perd son temps et le malaise s'installe. Mais si on utilise cette nouvelle technique pour aller droit au but rapidement, on peut faire le tri entre ceux qui sont intéressés et ceux qui ne le sont pas tout en préservant nos amitiés.

On peut utiliser cette même technique pour approcher des clients. Voici un exemple rapide.

« Salut Pierre. On vieillit tous les deux, et on n'a pas l'énergie de nos 16 ans. J'ai adopté un nouveau breuvage spécial au petit-déjeuner pour me sentir plus jeune, et pouvoir suivre le rythme de mes adolescents. C'est OK pour moi si tu veux essayer cette boisson au petit-déjeuner ou pas, mais je voulais au moins te laisser savoir ce que je fais. Je ne voulais pas que tu te demandes pourquoi je n'ai pas pensé à toi tout de suite. »

Comme vous pouvez le voir, si nous n'aimons pas utiliser les mots « confortable/inconfortable » ou encore « à l'aise/mal à l'aise, » on peut s'adapter. Dans ce dernier exemple, nous avons utilisé le mot « OK » … L'important est de conserver l'idée générale.

Deuxième groupe ? Les personnes que nous connaissons et qui ne sont pas des parents ou des amis proches.

Il se peut que la connexion avec ces personnes soit faible ou inexistante. On doit alors travailler un peu plus pour tisser des liens avec eux.

Ces personnes auront besoin d'une bonne raison de nous rencontrer car elles préfèrent éviter les vendeurs et des longues présentations.

Nous disposons de deux options pour les inciter à nous rencontrer.

Premier moyen : Nous pouvons leur dire que nous offrons des avantages fantastiques.

Énumérons d'emblée quelques-uns de ces avantages :

- Se sentir plus jeune.
- Vivre plus longtemps.
- Aider le système immunitaire de leurs enfants.
- Moins de rendez-vous chez le médecin.
- Un deuxième revenu pour payer leurs factures.
- La possibilité de travailler à domicile plutôt que dans un bureau.

Nous pourrions simplement leur demander si l'un de ces avantages les intéresse. Par exemple : « Aimeriez-vous avoir de l'énergie tout l'après-midi plutôt que de bailler continuellement ? »

Il ne leur faudra pas longtemps pour dire : « Bien sûr. Parlons-en. »

Ou bien, ils pourraient aussi dire : « Non merci. Je me sens mieux quand je souffre et que je lutte contre le sommeil tout l'après-midi. Ne m'aidez pas s'il vous plaît. »

Pourquoi préfèrent-ils souffrir et refuser notre solution ? On ne sait pas. Mais voici quelques raisons pour lesquelles ils pourraient ne pas vouloir poursuivre cette conversation :

- Ils ont eu une mauvaise expérience avec un vendeur insistant récemment.
- On ressemble à leur ex-petite amie ou ex-petit ami. On ne peut rien y faire.

- Nous avons utilisé les mauvais mots.
- Ils croient que la santé se trouve dans une boisson gazeuse diète.
- Ils pensent à autre chose en ce moment.
- Nous avons mauvaise haleine.

Alors ne soyez pas démoralisés. C'est la vie. Certains veulent améliorer leur vie, d'autres non.

La bonne nouvelle, c'est que leur choix se fera en quelques secondes. Et parce que nous leur avons donné le choix, personne n'est offensé.

Deuxième moyen : Nous pouvons leur laisser savoir que nous avons peut-être une solution à leurs problèmes.

Cette seconde option est encore plus puissante. Tout le monde se préoccupe sans cesse de ses problèmes. Voici quelques problèmes que nos prospects pourraient éprouver :

- Un faible niveau d'énergie.
- Un système immunitaire affaibli.
- Des enfants n'aiment pas la nourriture saine.
- Le sentiment de vieillir.
- Une régime d'épargne-retraite maigre.
- Un long trajet pour se rendre au travail.
- Un patron terrible ou une carrière qui dévore leur âme.

Dans de tels cas, notre conversation ressemblerait plutôt à ceci :

Nous : « Est-ce que vous avez [ce problème] ? Seriez-vous intéressé si on pouvait le régler ? »

Voici quelques exemples :

Nous : « Vous détestez travailler dans un centre commercial le samedi ? »

Prospect : « Bien sûr. »

C'était facile. Voici un deuxième exemple.

Nous : « Ça t'irait s'il existait une autre option ? »

Prospect : « Bien sûr. Quand pouvons-nous parler ? »

Un jeu d'enfant. Voici un troisième exemple.

Nous : « Tu trouves que vieillir est vraiment douloureux ? »

Prospect : « Oui ! Chaque petite tâche devient de plus en plus difficile. »

Nous : « Serais-tu prêt à essayer des moyens naturels pour ralentir le vieillissement ? »

Prospect : « Bien sûr. Quand pouvons nous discuter ? »

Troisième groupe ? Les gens que nous ne connaissons pas du tout.

Les conversations peuvent être plus ardues avec ce dernier groupe. Lorsqu'ils entrent en contact avec nous pour la première fois, ils se disent :

- Qui est cette personne ?
- Que veut cette personne ?
- Est-ce que je peux lui faire confiance ?

- Dois-je mettre en place ma protection anti-vendeurs ?
- Est-ce le moment de devenir sceptique ?
- Dois-je cacher mon portefeuille ?
- Je dois vite trouver une excuse pour ne pas avoir à écouter son discours de vente.

Ces pensées indiquent que nous n'avons pas encore établi de connexion avec cet étranger.

Nous devrons donc investir un certain temps pour tenter d'établir une connexion et un minimum de confiance. Une fois que nous y serons parvenus, nous pourrons alors passer à la prise de rendez-vous. Oui, il faut parfois deux ou plusieurs contacts avec un inconnu avant qu'une connexion ne soit mise en place.

Certaines personnes inspirent confiance naturellement. Elles peuvent établir une connexion en quelques secondes. Et pour les autres ? On doit travailler un peu plus dur pour tisser certains liens avec les étrangers.

Quelques mots pour vaincre la peur des étrangers.

Voici un court exemple illustrant la facilité avec laquelle il est possible d'aider les étrangers à se détendre et se sentir plus à l'aise.

Si l'inconnu devant nous semble dresser un mur de défense et de méfiance, nous pouvons immédiatement lui lancer :

« Détendez-vous, il vous suffit de ne rien faire et tout restera comme avant. Mais si vous voulez un moyen de travailler de la maison plutôt que de devoir occuper un emploi, je peux partager avec vous une option dès maintenant. »

Cela ne semble pas très menaçant.

Ensuite, apprenons quelques moyens d'apaiser notre propre anxiété à l'idée de parler à des prospects.

COMMENT REMÉDIER À LA « NERVOSITÉ » LORSQU'ON PARLE AUX PROSPECTS.

Ce n'est pas notre présentation qui nous rend nerveux, c'est notre intention.

Notre intention est-elle de les inscrire ou encore, qu'ils achètent nos produits ?

Si tel est le cas, elle se manifestera dans tout ce que nous dirons et ferons. Les prospects peuvent sentir les vendeurs motivés à des kilomètres à la ronde.

Et que se passe-t-il si notre intention se limite à vouloir leur offrir une **option** ? Le fait qu'ils qu'ils choisissent notre option ou pas ne sera pas une source de souci ; notre seule préoccupation est de leur offrir notre option.

On neutralise ensuite nos sentiments personnels et on accepte la décision de nos prospects, quelle qu'elle soit. On veut ce qu'il y a de mieux pour eux. Et que se passe-t-il ensuite ? Nos prospects vont percevoir cette nouvelle intention et se détendre. Nos conversations deviennent alors beaucoup plus décontractées.

On pourrait peut-être débuter notre proposition en disant : « Aimeriez-vous entendre une option ? »

Et s'ils répondent « oui, » notre conversation sera facile et agréable.

Une option signifie : « C'est OK si vous en profitez, ou non. Personne ne vous mettra la pression dans un sens ou dans l'autre. » C'est très sécurisant pour les prospects. Ils se détendent, et n'ont aucune raison de nous rejeter.

Pour réduire notre nervosité, il suffit de se souvenir du mot « option. »

De mieux en mieux !

Voici la meilleure des nouvelles.

La plupart des gens sont pré-vendus à ce que nous avons à offrir. Ce qui signifie que nous n'avons pas besoin de vendre.

Donc, pas de vente à faire. Si nos prospects désirent déjà ce que nous offrons, il suffit d'éviter de les en dissuader !

Si cela vous semble difficile à croire, faisons un sondage. Demandons à 50 personnes : « Voulez-vous vivre plus longtemps ou mourir rapidement ? » Presque tout le monde répondra : vivre plus longtemps. Certains pourraient bien sourire en entendant votre question, mais leur réponse sera la même. Ils sont pré-vendus à l'idée de vivre plus longtemps plutôt que mourir prématurément.

Demanderons ensuite à 50 personnes : « Voulez-vous plus d'argent dans votre vie, ou moins d'argent ? » La plupart des gens veulent plus d'argent. Ils veulent en savoir plus.

Wow !

Voici donc notre nouvelle approche.

1. Les prospects désirent ce que nous avons à offrir.

2. Ne soyons pas un vendeur insistant qui tente de les convaincre.

3. Donnons-leur plutôt l'option de choisir nos produits et notre opportunité.

4. Laissons-les déterminer si c'est le bon moment pour eux de dire « oui. »

Ce n'était pas si difficile, n'est-ce pas ?

Plus de peur de parler aux prospects. Tout ce que nous faisons, c'est leur offrir une option de plus dans leur vie. Faire des cadeaux, c'est amusant.

Passons maintenant aux quatre étapes de la conversation que nous utiliserons lorsqu'on s'adresse à nos prospects. Vous vous rappelez ?

Étape # 1 : Connexion.

Étape # 2 : Briser la glace.

Étape # 3 : Conclure.

Étape # 4 : Présentation.

ÉTAPE # 1 : ÉTABLIR LA CONNEXION.

Avoir une connexion signifie que nos prospects nous font confiance et croient ce qu'on dit. Sans elle, ils n'achèteront pas ou ne joindront pas notre entreprise.

Une connexion diffère d'une relation. Nous pouvons créer confiance et crédibilité, bref une connexion, en quelques secondes. Quant aux relations ? Elles prennent beaucoup plus de temps à établir. Nous n'avons pas à établir des relations profondes pour le moment. Tout ce qu'on souhaite faire, c'est de générer suffisamment de confiance et de crédibilité pour transmettre notre message à des oreilles attentives.

Cette décision de nous faire confiance et croire ce qu'on dit prend à peine quelques secondes.

Les prospects nous préjugent sévèrement durant les premières secondes. L'être humain prend des décisions rapides. Pourquoi ?

Il y a des milliers d'années, lorsque l'homme des cavernes rencontrait un étranger, il devait prendre une décision rapide. Cet étranger sera-t-il utile ? Représente-t-il un danger ? Si l'homme des cavernes consacrait trop de temps à analyser, ça pouvait lui être fatal.

Qu'en est-il aujourd'hui ? Lorsqu'un étranger passe la porte, on le préjuge instantanément. Est-ce que cet étranger peut s'asseoir à côté de moi ? Dois-je cacher mon portefeuille ou mon sac à main ? Pourquoi cet étranger porte-t-il une cagoule et tient-il une hache dans sa main ? Oui, nous prenons toujours des décisions éclair en se basant sur quelques informations seulement.

Notre premier défi, en marketing relationnel, est d'établir de bonnes relations avec nos prospects.

Mais d'abord, quelques bonnes nouvelles. Nous possédons déjà une connexion avec la plupart des gens que nous connaissons. À moins d'avoir volé leur voiture ou les avoir fait congédier, la plupart des gens nous feront confiance et croiront ce qu'on dit.

Mais nous n'avons pas cette connexion avec les étrangers. Nos efforts pour l'établir devront être conscients, et ne prendront que quelques secondes.

Les premières secondes que nous investissons pour établir une connexion sont les plus importantes de notre conversation. On doit établir cette connexion avant de transmettre notre message.

Que se passe-t-il si on ne le fait pas ? Nos prospects se diront :

- « Où est le piège ? »
- « Je ne vous connais pas. »
- « Vous parlez comme un vendeur. Je dois faire attention. »

- « Qu'est-ce que vous attendez de moi ? »
- « C'est trop beau pour être vrai. »

Quand nos prospects nourrissent ces pensées, ils se protègent en inventant des objections pour nous éloigner. À quoi ressemblent ces objections ?

- « Je dois en parler à mon conjoint. »
- « Je suis trop occupé. »
- « J'ai besoin d'y réfléchir. »
- « Ça n'est pas pour moi. »
- « Je suis satisfait de ma situation actuelle. Pas de nouvelles idées, s'il vous plaît. »

À vos marques, prêts, partez.

Comment établir une connexion dans les premières secondes ? En faisant savoir aux gens que nous pensons de la même manière qu'eux. Les prospects sont plus à l'aise avec les gens qui leur ressemblent qu'avec les gens qui leur semblent différents.

Comment mettre en évidence nos similitudes, nos affinités ?

En partageant avec nos prospects un fait auquel ils croient et que nous croyons aussi. Commencer la conversation avec un petit fait que nous avons en commun aide à construire confiance et crédibilité.

Nous voulons disposer de toute une bibliothèque de faits parmi lesquels choisir pour être prêts à faire face à toute situation avec tous les prospects. Voici quelques bonnes pistes et quelques faits que nous pouvons utiliser pour les produits de santé :

- Tout est si stressant de nos jours.
- Les matins sont... difficiles.
- On veut tous vivre plus longtemps.
- Ce serait bien d'avoir l'énergie d'un jeune de 16 ans.
- Il serait fantastique de s'endormir dans les sept minutes qui suivent le moment où on dépose notre tête sur l'oreiller.
- On doit maintenir notre système immunitaire en bonne santé.
- Nos enfants sont exposés à tellement de germes à l'école.
- Mourir tôt est un inconvénient. (Un brin d'humour sombre n'a jamais tué personne.)
- L'un des premiers symptômes des maladies cardiaques est la mort. (D'accord, ça va peut-être un peu trop loin.)

Ces faits sont inoffensifs, mais ils permettent d'introduire notre entreprise dans une conversation sociale. C'est une excellente façon de se mettre au diapason de nos prospects et faire avancer notre conversation.

Quelques faits à propos de notre opportunité d'affaire ?

- Faire la navette entre la maison et le bureau devient de plus en plus difficile.
- On aimerait passer plus de temps avec notre famille.
- Ce serait bien de payer les vacances en argent plutôt qu'avec des cartes de crédit.
- Deux chèques de paie valent mieux qu'un.

- Difficile d'obtenir une augmentation de salaire en ce moment.
- On aimerait que les week-ends soient plus longs.
- On rêve de congédier le patron.

Voici une autre façon de voir les choses. Le fait de débuter une conversation dans un climat d'accord mutuel est une marque de politesse. Et les gens aiment les gens qui pensent comme eux.

Même stratégie mais, sur les stéroïdes.

Comment mettre cette stratégie sur les stéroïdes ?

Simple. Deux faits valent mieux qu'un. Lorsqu'on partage avec nos prospects deux faits auxquels ils croient en rafale, leur cerveau prend une décision rapide : « Je peux te croire. »

Maintenant que nous avons gagné la confiance de nos prospects, il sera plus facile de parler de notre entreprise. Voici quelques exemples d'approches avec deux faits consécutifs :

- « Les choses coûtent cher aujourd'hui. On a tous besoin de plus d'argent. »
- « Bien sûr, on a besoin d'une bonne alimentation. Mais la plupart des breuvages santé goûtent le foin ! »
- « Bien sûr, on devrait prendre des vitamines, mais on se pose toujours la question : « Est-ce que ça fonctionne ? »
- « Les emplois interfèrent avec notre semaine. Ce serait sympa d'avoir des week-ends de trois jours pour toujours. »
- « Difficile d'obtenir une augmentation de salaire en ce moment. Et les prix qui ne cessent d'augmenter. »

- « Avoir sa propre entreprise, ça sonne bien. Mais on doit éviter de prendre trop de risques. »

Notre objectif est de rassurer nos prospects en leur indiquant que nous voyons le monde de la même façon qu'eux. De cette façon, ils se sentent ainsi plus à l'aise d'interagir avec nous.

Que se passe-t-il lorsque nous commençons en désaccord ?

Nos prospects érigent un mur qui bloque notre message. Quelle que soit la qualité de notre message ou de notre offre, nos prospects ne l'entendront pas.

On veut qu'ils soient dans un état d'esprit ouvert et positif. Nous pourrons alors transmettre notre message. Une fois que notre message est dans leur tête, ils peuvent déterminer si notre message leur sera utile ou non. Nous n'avons donc pas besoin d'utiliser des techniques de vente des techniques de vente à pression pour conclure. Il nous suffit de livrer notre message sans trop de lourdeur ou préjugés.

La décision de nous faire confiance ou pas se prend rapidement.

On doit être rapide car les premières secondes de l'interaction font toute la différence. Alors que pouvons-nous faire pour augmenter nos chances d'établir de bonnes connexions ?

On peut utiliser certaines formules de mots magiques qui aident nos prospects à être d'accord avec nous. En voici une première : « la plupart des gens. »

Voici ce qui se produit lorsqu'on dit « la plupart des gens. »

Nos prospects pensent : « Est-ce que je fais partie de la plupart des gens, ou est-ce que je fais partie de la minorité ? Eh bien, la plupart des gens font partie de la majorité, donc je dois faire partie de ce groupe. En plus, j'aime bien faire partie de la plupart des gens. Je m'y sens en sécurité. C'est aussi la raison pour laquelle je choisis un restaurant bondé plutôt qu'un restaurant vide. Et que dans une ruelle sombre tard dans la nuit je préfère me balader avec un groupe de personnes plutôt que seul. »

Comment on se sent quand on dit :

- « La plupart des gens détestent tomber malade. »
- « La plupart des gens veulent offrir à leurs enfants la meilleure nutrition possible avant de quitter pour l'école. »
- « La plupart des gens veulent plus d'argent. »
- « La plupart des gens préfèrent travailler chez eux. »
- « La plupart des gens veulent améliorer leur vie. »

En utilisant « la plupart des gens » pour formuler nos phrases, les prospects sont portés à nous faire confiance et nous croire plus facilement. Cee n'est pas la seule formule magique du genre que nous pouvons utiliser. En voici une autre : « tout le monde sait. » Quelques exemples ?

- « Tout le monde sait que la santé est plus importante que l'argent. »
- « Tout le monde sait qu'il sera difficile d'obtenir des augmentations de salaire cette année. »

- « Tout le monde sait que les entreprises à domicile profitent d'excellentes déductions fiscales. »
- « Tout le monde sait que notre corps est le reflet de ce qu'on mange. »
- « Tout le monde sait que si on travaille dur dans un emploi, seul notre patron aura une grande maison à la retraite. »
- « Tout le monde sait que nous ne sommes pas assez bien rémunérés. »
- « Tout le monde sait que la nutrition est le secret d'une bonne santé. »
- « Tout le monde sait que si on ne fait pas quelque chose de différent maintenant, alors demain sera comme aujourd'hui. »

Nous pourrions aussi utiliser la formule : « tout le monde dit » pour un impact similaire. Nos prospects voudront être en accord avec ce qu'on dit. Il est plus simple de prendre le chemin le plus facile, celui de la majorité.

Un mot sur le sourire.

Sourire, ça fonctionne !

Notre programmation naturelle est de faire confiance aux personnes qui sourient, et nous méfier de celles qui ne sourient pas. Il n'est pas nécessaire d'être un génie pour comprendre qu'on doit sourire lorsqu'on rencontre de nouveaux prospects.

Les bébés réagissent aux sourires avant même de pouvoir parler. Si nous sourions en marchant dans la rue, beaucoup de gens souriront en retour.

Si on croit qu'avoir un air sérieux fonctionne, nous risquons de manquer de prospects pour acheter nos produits ou se joindre à nos équipes.

N'oubliez pas que les prospects prennent la décision initiale de nous faire confiance et de croire ce qu'on dit dans les premières secondes de l'interaction. Un sourire sur nos visages les aide à se sentir plus à l'aise avec nous. Nous voulons faire tout ce qui est possible pour que nos prospects gardent l'esprit ouvert afin d'entendre notre bon message.

Et si nous n'avons pas l'habitude de sourire, il faut se mettre à l'entraînement !

Est-ce que les compliments fonctionnent ?

Les compliments directs peuvent parfois sembler peu sincères. Et ils ont plutôt tendance à rendre nos prospects inconfortables. Quelques exemples de compliments directs ?

- « Bonjour, quelle belle maison. »
- « Vous semblez être un consommateur intelligent. »
- « Tu as fière allure aujourd'hui. »

Des compliments comme ceux-là manquent de subtilité et ont un caractère superficiel.

Que pourrait être une meilleure façon de faire un compliment ?

Portez votre attention sur quelque chose d'un peu moins évident, puis ajoutez une question. En ajoutant une question à la fin d'un compliment, nos prospects n'ont pas à acquiescer et à nous remercier. Ils peuvent plutôt se concentrer sur la réponse à notre question. C'est plus confortable pour tout le monde. Quelques exemples ?

- « J'aime votre voiture. Qu'est-ce qui vous a attiré vers ce modèle ? »
- « Je vois que vous aimez manger santé. Qu'est-ce qui vous a motivé à manger sainement alors que tout le monde semble flancher pour la malbouffe ? »
- « Vos enfants sont si polis. Comment leur avez-vous inculqué cette valeur ? »

Alors oui, les compliments fonctionnent. Mais en ajoutant une question à la fin, tout le monde se sent se sent plus confortable.

Passons maintenant à portion : introduire notre entreprise dans la conversation avec les brise-glaces.

ÉTAPE # 2 : LES BRISE-GLACES.

Quelle est la définition d'un brise-glace ? Une courte phrase qui permet d'introduire notre entreprise dans une conversation de façon socialement acceptable.

On ne peut pas garder notre entreprise secrète éternellement. À un certain moment dans nos conversations, on devra faire découvrir à nos prospects ce que nous offrons. On rencontre beaucoup de prospects dans des événements à caractère social, et on doit faire attention à la manière dont on introduit notre entreprise dans nos conversations.

Vous êtes-vous déjà senti si enthousiaste au sujet de votre entreprise que vous en avez oublié les sentiments de vos prospects ? On veut tout raconter à nos prospects à propos de notre entreprise, mais veulent-ils vraiment tout savoir ? Bien sûr que non. Voici ce qui est socialement acceptable et poli.

Donnez à nos prospects la possibilité d'en savoir davantage, ou de changer de sujet.

Nous sommes-nous déjà retrouvés dans une situation où quelqu'un se lance dans une présentation de vente que nous ne voulons pas entendre ? Ils parlent et parlent parce qu'ils sont enthousiastes. Mais ça n'est pas notre cas. C'est une véritable séance de torture.

Nous ne voulons pas être ce type de personne.

Notre stratégie sera d'introduire notre entreprise grâce à un brise-glace. Nous ferons ensuite une pause, pour donner à nos prospects l'opportunité de répliquer : « Donnez-moi plus de détails. » Ou encore, nos prospects pourront en profiter pour changer de sujet si l'intérêt n'y est pas. C'est un acte de courtoisie de laisser nos prospects décider de ce qu'ils veulent, et la politesse est efficace.

Pourquoi cette pause (après notre brise-glace) est-elle importante ? Parce que les prospects veulent avoir le choix. Ils ont règle générale un agenda déjà bien rempli et beaucoup de choses en tête. Dans l'instant qui suit le brise-glace, nos prospects prendront une décision. Ils opteront pour en savoir plus ou, ils choisiront de passer au prochain élément sur leur liste de choses à faire.

Notre stratégie devient donc évidente : rendre notre brise-glace si puissant que nos prospects nous demanderont plus d'informations.

Pensez-y. Si nos prospects nous demandent plus d'information, quelle décision ont-ils prise ? Ils ont pris la décision de dire « oui. » Ce qui signifie que nous n'aurons même pas à conclure à la fin de notre conversation.

Notre brise-glace est essentiel pour obtenir ce « oui » précoce et final. Et tout se déroule dans les premières secondes de notre conversation. Conclure la vente ne se positionne pas à la fin de notre conversation. Les prospects prennent leur décision tôt et rapidement, car ils veulent passer à autre chose dans leur vie.

La connexion d'abord.

Nous avons pris le temps d'établir une connexion. Maintenant, nos prospects nous font confiance et croient ce qu'on dit. C'est donc le moment idéal pour introduire notre entreprise.

Mais est-ce que les prospects se soucient de nous ? Non.

Est-ce qu'ils se soucient de ce que nous avons à offrir ? Non.

Les prospects se soucient d'eux-mêmes. L'univers tourne autour d'eux. Lorsqu'on introduit notre entreprise avec des brise-glace, on veut se concentrer sur les désirs nos prospects, et non pas sur nous et notre entreprise. Nos brise-glaces sembleront égocentriques et embarrassants s'ils sont axés sur nous. Quelques exemples de mauvais brise-glaces ?

Nous assistons à un enterrement et nous offrons nos condoléances à la veuve : « Je suis vraiment désolé pour la mort de votre mari. Mais saviez-vous que nous venons d'introduire le seul complément alimentaire avec un apport documenté en vitamine D ? »

Légèrement exagéré, mais on a saisi l'idée. On doit être plus sensibles à la situation de nos prospects.

Voici un autre scénario. Nous sommes à une fête. Tous les invités présents semblent être d'excellents prospects pour nous. Ils profitent de la vie. Ils souhaitent vivre plus longtemps. Ils pourraient avoir besoin d'un revenu supplémentaire. Nous sommes impatients de leur parler, mais comment entamer la conversation ?

Nous : « Quel est votre nom ? »

Prospect : « Je m'appelle Carole. »

Nous : « Carole. Votre prénom débute par la lettre ‹ C. › Ma société commence aussi par la lettre ‹ C. › Laissez-moi vous en parler maintenant. »

Oui, cela semble un peu forcé. Notre approche était uniquement centrée sur nos intérêts. Nous avons oublié de nous concentrer sur nos prospects et leurs besoins.

Et à bien y penser, nous n'avons même pas fait de pause ! On voulait se lancer tout de suite dans notre présentation. Nous n'avons pas même pas donné à notre prospect la possibilité de dire « non. » C'est plutôt impoli.

Affinons maintenant notre technique de brise-glace.

Attirer l'attention de nos prospects.

C'est facile d'attirer l'attention de quelqu'un. Il suffit de dire : « Je viens de découvrir. »

A quoi pense l'autre personne ? Elle se demande : « Qu'avez-vous découvert ? Est-ce quelque chose que je dois savoir aussi ? Est-ce que c'est quelque chose d'important pour moi ? »

Ces quatre mots simples, « Je viens de le découvrir, » captent l'attention de nos prospects et nous donnent l'occasion d'introduire notre entreprise. Voici quelques exemples d'utilisation de cette formule pour nos brise-glaces.

- « Je viens de découvrir comment on peut se sentir bien à chaque réveil. »
- « Je viens de découvrir comment on peut perdre du poids sans faire de régime. »
- « Je viens de découvrir comment on peut contribuer à protéger nos enfants contre tous ces virus et bactéries à l'école. »
- « Je viens de découvrir comment on peut profiter d'une super alimentation, sans avoir à manger du gazon et autres trucs étranges. »
- « Je viens de découvrir comment on peut recevoir un chèque supplémentaire. »
- « Je viens de découvrir comment on peut travailler à domicile au lieu de faire la navette pour aller travailler. »
- « Je viens de découvrir comment on peut développer notre entreprise ensemble, et le faire à temps partiel. »

On peut presque percevoir les réponses « oui » après avoir fait nos déclarations « Je viens de découvrir. » Conclure semble automatisé.

Et on sait que nos prospects désirent ce qu'on leur offre lorsqu'ils répondent « Donne-moi plus de détails. » Quelle est la mécanique sous-jacente ?

Pourquoi cela fonctionne-t-il si bien ?

1. On ne déclenche pas d'alarme anti-vendeurs. On fait une déclaration, et les prospects peuvent se porter volontaires en nous demandant plus de détails.

2. On donne de détails ensuite aux prospects qui sont intéressés seulement. Ils nous ont en quelque sorte

demandé de leur faire une présentation, sans aucune pression de notre part.

3. Cette approche élimine toute forme de rejet. Alors plus rien ne nous empêche de parler aux prospects.

On se sent bien lorsqu'on n'a pas à faire pression sur nos prospects, n'est-ce pas ?

Vous aimeriez rendre l'approche complètement sécuritaire et facile ? Il suffit de poursuivre la conversation sur un autre sujet après avoir annoncé ce que l'on « vient de découvrir. » Qu'en dites-vous ?

- « Je viens de découvrir comment on peut obtenir un chèque de paie supplémentaire. Si vous voulez savoir comment, je serai heureux de vous en parler. En attendant, demandons à votre cousin de se joindre à nous ce soir pour l'événement. »
- « Je viens de découvrir comment on peut commencer à rajeunir, plutôt que de continuer à vieillir. Si tu veux savoir comment, je serai heureux de t'en parler. En attendant, allons faire du shopping. »
- « Je viens de découvrir comment on peut disposer de plus d'énergie que nos petits-enfants. Si tu veux savoir comment, je serai heureux de te le dire. En attendant, dis-moi comment tu as eu cette recette. »

Puisqu'on poursuit la conversation sur un autre sujet, nos prospects n'ont pas à commenter notre déclaration. Ils peuvent nous demander plus de détails s'ils sont intéressés, ou ignorer notre brise-glace s'ils ne le sont pas.

Cela signifie que nous partagerons des conversations sur notre entreprise uniquement avec des personnes qui veulent en savoir plus.

Que se passe-t-il lorsqu'on tente de forcer une discussion vers notre entreprise ? Si nos prospects ne veulent pas en savoir plus, ils ont peur de dire : « J'ai décidé que je ne suis pas intéressé. Et j'ai pris cette décision avant même d'avoir entendu ce que c'est. » Cela paraîtrait idiot de répondre de la sorte. Alors que font-ils ? Ils inventent des objections fantômes. Voici quelques exemples de ces objections qu'ils utilisent pour nous empêcher de poursuivre vers une présentation.

- « Je ne suis pas un vendeur. »
- « Je n'ai pas de temps. »
- « C'est une pyramide. »
- « Ce n'est pas pour moi. »

Les prospects utilisent ces objections pour éviter d'avoir à se taper une présentation.

Nous n'aurons plus à nous soucier de ces objections. On ne parlera qu'aux volontaires.

Les brise-glaces sont amusants.

Et ils sont si faciles à créer. La première étape consiste à dresser une liste des avantages que l'on peut offrir. On doit préparer une liste d'avantages qu'offrent nos produits et notre opportunité. Commençons à dresser une liste maintenant.

Avantages pour nos produits.

- Comment vivre plus longtemps.
- Perdre du poids naturellement sans faire de régime.
- Se construire un système immunitaire à toutes épreuves.
- S'endormir dans les sept minutes qui suivent le contact avec l'oreiller.
- Cesser de rouiller de l'intérieur.
- Avoir tellement d'énergie qu'il faudrait une fléchette de tranquillisant pour nous ralentir.
- Se réveiller chaque matin en se sentant comme un grand gagnant à la loto.
- Avoir l'air plus jeune de l'intérieur à l'extérieur.
- Transformer notre corps en une machine à brûler les gras et en bombe d'énergie.
- Sentir que nous avons à nouveau 16 ans, mais avec un meilleur jugement.
- Proposer une excellente alternative nutrition pour les amateurs de pizza qui sont fatigués de manger de la nourriture de lapin.
- Offrir la « Fontaine de Jouvence » en capsule.

Des avantages pour notre opportunité.

- Ne plus jamais devoir se présenter au travail.
- Travailler à domicile au lieu de faire la navette au bureau.
- Prendre sa retraite 10 ans plus tôt, mais à plein salaire.
- Doubler un fond de pension en neuf mois seulement.
- Recevoir deux chèques de paie au lieu d'un.
- Pouvoir congédier son patron.

- Travailler trois semaines par mois tout en étant payé pour quatre.
- Prendre une semaine de vacances chaque mois.
- Prendre six mois de vacances deux fois par année.
- Générer un revenu mensuel supplémentaire pour rembourser les prêts étudiants.
- Gagner plus d'argent à temps partiel que le patron à temps plein.
- Laisser quelqu'un d'autre payer pour nos vacances.
- Avoir la chance d'envoyer à votre belle-mère une carte postale de Bali.
- Payer les vacances de Noël en espèces plutôt qu'avec des cartes de crédit.
- Offrir l'option de ne pas devoir travailler 45 ans comme nos parents.

Ce sont quelques avantages pour débuter. Il suffit de lancer notre brise-glace en utilisant les mots « je viens de découvrir » ... puis d'ajouter un avantage approprié pour le prospect devant nous.

Si notre brise-glace résonne avec nos prospects, ils prendront la décision mentale « oui » et ils nous demanderont de leur en dire plus.

Pas de stress. Pas de vente. Pas de malaise.

Si nous sommes observateurs, on peut personnaliser notre avantage pour qu'il corresponde à notre prospect. C'est ce que font les professionnels. Prenons donc un moment pour essayer de comprendre notre prospect.

Par exemple, imaginez qu'on discute avec un vendeur au détail un jour de fin de semaine. On pourrait lui dire : « Je viens de découvrir comment ne plus être obligé de travailler le week-end. » Ce brise-glace pourrait bien enflammer ce vendeur de magasin au détail.

Un autre exemple d'observation ?

En parlant avec une personne retraitée, nous pourrions dire : « Je viens de découvrir comment on peut empêcher nos corps de rouiller de l'intérieur. » Notre prospect voudra probablement en savoir plus.

Ou encore, imaginez que nous faisons la conversation en attendant de payer notre épicerie. Notre interlocuteur a en main une poignée de coupons rabais. C'est facile. On dit : « Je vois que vous aimez économiser de l'argent. Je viens de découvrir comment on peut recevoir un chèque de paie supplémentaire. »

Nos prospects prennent des décisions rapides en fonction des mots qu'on utilise. C'est ce qui explique pourquoi certains réseauteurs ont tous les prospects dont ils ont besoin, tandis que d'autres se retrouvent constamment à la case départ. Quand on utilise les mauvais mots, personne ne se porte volontaire pour en savoir plus. Donc, au lieu de reprocher aux prospects de ne pas être motivés, on devrait plutôt utiliser d'autres mots.

Voici une petite conversation qui nous aide à nous rappeler qu'on peut influencer nos résultats en utilisant de meilleurs mots.

Distributeur : « Mes prospects n'étaient pas intéressés. »

Nous : « N'étaient pas intéressés par quoi ? »

Distributeur : « N'étaient pas intéressés par ce que j'ai dit. »

Nous : « Alors, arrête de blâmer les prospects... et change ce que tu dis. »

Tout est terminé en quelques secondes.

Dans les premières secondes, nos prospects nous jugent et prennent leurs décisions. Par conséquent, il faut performer durant ce cout laps de temps.

Alors plutôt que de passer des heures à pratiquer notre longue présentation, on devrait plutôt mémoriser tous les grands avantages de notre offre qui pourraient intéresser nos prospects. Notre travail n'est pas de convaincre les prospects. Notre travail consiste à mettre en lumière les avantages que l'on offre et à permettre à nos prospects de se porter volontaires.

Est-ce que « Je viens de découvrir » est la seule formule pour démarrer pour un brise-glace ? Non.

Nous pouvons varier notre répertoire en utilisant plusieurs autres formules pour lancer nos brise-glaces. Examinons-en une autre qui permet de transmettre notre offre de manière efficace dans une conversation.

« Aimeriez-vous en savoir plus ? »

On mentionne un bénéfice, et on demande à nos prospects s'ils souhaitent en savoir plus. S'ils le font, nous sommes heureux de leur donner plus de détails.

C'est de la prospection basée sur des autorisations, et c'est de bonne guerre.

Une approche courtoise réduit considérablement le risque de rejet. On veut donner à nos prospects une chance de se retirer de notre conversation de prospection. Personne n'apprécie les vendeurs arrogants.

Quelles sont quelques unes des autres formules que nous pourrions utiliser pour maximiser l'impact de nos approches ?

- « Voulez-vous en savoir plus ? »
- « Voulez-vous savoir comment je m'y prends ? »
- « Voulez-vous savoir comment ils y sont arrivés ? »

Notre bonus pour avoir utilisé ces phrases au début de nos conversations ?

Lorsque les prospects disent qu'ils veulent en savoir plus, ils prennent la décision « oui. » Les prospects savent et décident s'ils désirent quelque chose ou non.

Les humains aiment prendre des décisions « oui » ou « non » rapidement. Ensuite, si la réponse est « oui, » une présentation et plus d'information sont les bienvenus.

La plupart des problèmes se produisent lorsqu'on tente de forcer le prospect à écouter notre présentation de vente. Évitez cette lourdeur en posant de petites questions simples, comme :

- « Voulez-vous en savoir plus ? »
- « Aimeriez-vous savoir comment je m'y prends ? »
- « Aimeriez-vous savoir comment ils y sont arrivés ? »

« Pourquoi les gens détestent-ils vendre ? »

Parce qu'ils pensent que vendre ressemble à ce qu'ils voient dans les films. À Hollywood, un acteur joue le rôle du vendeur agressif, à l'éthique douteuse, qui force les gens à acheter contre leur gré. D'accord, c'est peut-être ce qui s'est passé dans les années 70, mais les années 70 ne reviendront pas.

L'ancienne façon de vendre ? Faire des appels à froid. Beaucoup d'appels à froid. Présenter à tous ceux qui veulent bien écouter. Et, si nous pouvons obtenir un rendez-vous, communiquer au prospect tout ce que nous connaissons de notre opportunité ou notre produit. Vendre, vendre, vendre !

Une fois que nous avons mis à genoux nos prospects et qu'ils sont totalement étourdis, on conclu la transaction à grands coups d'arguments de vente. Des arguments aléatoires, des coups de massue, bref n'importe quel argument qui pourrait inciter nos prospects à acheter. Et s'ils n'achètent pas immédiatement ? On assure alors un suivi. On harcèle nos prospects jusqu'à ce qu'ils achètent ou qu'ils meurent.

Ca vous semble amusant le domaine de la vente ? Bien sûr que non. Du moins, pas vendre de cette façon. Pourtant, beaucoup de gens utilisent encore aujourd'hui ces vieilles techniques de vente.

Ce n'est pas comme ça que les prospects achètent de toute façon. En fait, ces vieilles méthodes sont complètement déconnectées du processus d'achat réel. Vous aimez quand on vous vend de cette façon ?

Cette image de la vente explique en bonne partie notre réticence à passer des appels et notre peur des prospects. Elle représente aussi une des raisons pour lesquelles les gens ne veulent pas se joindre à notre entreprise.

Voici la version courte de ce qui se passe en réalité.

Les prospects souhaitent d'abord avoir une vue d'ensemble. Ils peuvent rapidement prendre la décision « oui » ou « non, » en fonction des programmes actifs dans leurs cerveaux. Si la réponse est « oui, » alors et seulement alors, nous pouvons amorcer une présentation.

Si on accepte le fait que nos prospects prennent leur décision finale dans les 20 premières secondes, alors nous sommes en harmonie avec la façon dont les prospects aiment acheter. Pas de présentation avant d'avoir d'abord obtenu la décision « oui. »

Vous voulez un exemple de cette façon plus humaine de parler aux prospects en utilisant « Vous aimeriez en savoir plus ? »

Distributeur : « J'aide les familles à obtenir un chèque de paie supplémentaire. Vous aimeriez en savoir plus ? »

Prospect : « Oui. Dites-m'en plus. »

Notre métier est simple quand on n'a pas à pousser la vente à nos prospects. Et ça semble plus adéquat.

Quelques exemples supplémentaires.

Distributeur : « Je me sens 25 ans plus jeune. Voulez-vous connaître mon secret ? »

Prospect : « Oui. Dites-m'en plus. »

Distributeur : « Mes analyses sanguines sont revenues à la normale en 6 mois. Voulez-vous savoir ce que j'ai fait ? »

Prospect : « Oui. Dites-m'en plus. »

Bon, selon vous, est-ce une approche confortable pour nos prospects ? Oui ! Et pour nous aussi ? Oui !

Distributeur : « Mon voisin perd 2 kg par mois et peut encore manger de la pizza. Vous voulez savoir ce qu'il fait ? »

Prospect : « Oui. Racontez-moi tout. »

Personne ne s'offusque dans ce type de conversation. Et même si nous parlions à de purs inconnus, ils voudraient aussi en savoir plus.

Distributeur : « Je rembourserai toutes mes cartes de crédit d'ici la fin de l'année. Vous voulez savoir comment je m'y prends ? »

Prospect : « Oui. Donnez-moi plus de détails. »

Distributeur : « Mon ami s'est enfin débarrassé de son travail, et il travaille maintenant à domicile. Vous voulez savoir ce qu'il a fait ? »

Prospect : « Oui. Dites-m'en plus. »

Distributeur : « J'ai lancé une petite entreprise à temps partiel. Elle ne me procure que 20 % de mon salaire, mais cela signifie aussi que je peux maintenant réduire mes semaines de travail à quatre jours. Vous aimeriez savoir comment j'ai fait ? »

Prospect : « Oui. Racontez-moi. »

Nous pourrions utiliser cette technique n'importe où. Événements de réseautage. Réunions de famille. Conversations futiles pendant les pauses café au travail.

C'est le moyen le plus sûr de présenter notre entreprise à des prospects. Lorsque les prospects peuvent se porter volontaires pour en savoir plus, ils se sentent ouverts d'esprit et positifs face à ce que nous allons dire ensuite.

Vous souhaitez être encore plus professionnel ?

Oui, on peut deviner quels bénéfices pourraient intéresser nos prospects. Mais il y a une meilleure option.

Écouter les indices.

Permettre à nos prospects de nous dire précisément les problèmes qui les préoccupent dans leurs vies. Tout ce que nous avons à faire, c'est de faire une sélection parmi les problèmes de notre prospect et d'en trouver un pour lequel on peut apporter notre aide. Désormais, nos brise-glaces cibleront précisément les problèmes et les préoccupations de nos prospects.

Le résultat ? Nous aurons l'air de lire dans les pensées.

1. Notre prospect a un problème.

2. Nous avons une excellente solution.

3. Nous permettons à notre prospect de décider si c'est le bon moment pour régler son problème.

Un exemple.

Le prospect : « Je déteste me rendre en ville tous les jours. Il me faut plus d'une heure dans chaque direction. »

Nous : « Mon ami Ben a cessé de faire la navette l'année dernière. Il travaille maintenant chez lui. Vous voulez savoir comment il a fait ? »

Prospect : « Dites-m'en plus ! »

Ou,

Prospect : « C'est difficile de travailler, de faire la navette matin et soir, et de s'occuper de la famille. Tellement de stress à gérer au quotidien. »

Nous : « Je viens de découvrir comment on peut réduire notre stress naturellement. Aimeriez-vous savoir comment d'autres y arrivent ? »

Prospection : « Dites-m'en plus ! »

Cette profession semble parfois si facile.

ÉTAPE # 3 : CONCLURE.

Étape # 1 : On établit la connexion. Nos prospects nous font confiance et nous croient.

Étape # 2 : Notre brise-glace suscite l'intérêt. Nos prospects décident rapidement s'ils sont intéressés ou non par ces bénéfices.

À la fin de l'étape # 2, si nos prospects demandent plus de détails, c'est qu'ils sont intéressés par ce que nous avons à leur offrir.

Est-ce que 100% de nos prospects veulent ce que nous avons à leur offrir immédiatement ? Non. Ils se sont peut-être disputés avec leur douce moitié 30 minutes plus tôt. On ne peut pas contrôler le timing dans la vie de nos prospects. On peut par contre contrôler les mots que l'on utilise. Ils nous fourniront les meilleures chances de gagner un nouveau client ou distributeur.

Une bonne façon de comprendre la troisième étape, l'art de conclure, c'est que nos prospects ont maintenant l'opportunité de profiter du bénéfice décrit dans notre message, ou pas. Quel soulagement ! Nous n'avons pas à jouer les vendeurs insistants comme ceux du grand écran.

À la fin de l'étape # 2, nos prospects ont quelques options. Les voici :

- « Ça semble génial. Allons-y. Donne-moi les détails maintenant. » (Oui !)
- « Ça a l'air génial mais j'ai d'autres problèmes en suspens en ce moment. » (Ce n'est pas pour moi pour le moment).
- « Tu as vu le match à la télé hier soir ? » (Ce n'est pas pour moi.)

Nous ne sommes pas responsables de la vie de nos prospects. Elle leur appartient. Ils doivent vivre avec leurs décisions et les conséquences qui en résultent. Nous partageons avec eux un beau message, et le reste est entre leurs mains.

Certains prospects pourraient répondre : « Je ne veux pas changer. Laisse-moi rouler sur la voie rapide de la mort précoce. » C'est leur choix, pas le nôtre. Tout le monde peut faire de mauvais choix à tout moment. Ces prospects ont probablement d'autres problèmes à gérer. Nous n'avons pas les qualifications en psychologie pour traiter tous leurs problèmes.

Rappelons-nous que notre travail consiste à transmettre un formidable message. C'est tout.

On laisse donc la conclusion de la vente... se faire ?

Oui. Nous apprécions la même courtoisie dans nos vies. On apprécie lorsque le vendeur respecte nos choix.

Mais les prospects n'ont-ils pas besoin de plus d'information pour décider ?

Les choix passent avant tout.
L'information vient plus tard.

Les prospects n'ont pas besoin d'information s'ils ont pris la décision « non. » Ce serait une perte de temps pour eux et pour nous.

Combien de temps faut-il aux prospects pour décider s'ils veulent ou non une meilleure santé ? Quelques secondes.

Combien de temps faut-il aux prospects pour décider s'ils veulent un revenu supplémentaire dans leur vie ou non ? Quelques secondes.

Si nos prospects prennent la décision « oui, » alors nous pouvons aller de l'avant et leur donner toutes les informations qu'ils souhaitent.

Ça vous paraît étrange ? Voici un exemple.

Lors d'une réunion, on dit aux participants : « Par vote à main levée, qui veut venir avec moi chercher une pizza quand nous aurons terminé ? La plupart des participants prendront instantanément la décision « oui » ou « non. » Peut-être que la moitié des participants lèveront la main.

La décision sera prise.

La décision pour la pizza a été prise **avant** de mentionner où se trouve le restaurant, quelles garnitures sont disponibles, combien de gras saturés il y aura dans chaque pointe de pizza, etc. Certains des participants qui ont levé la main auront quelques questions à cet égard. D'autres participants sont simplement impatients de quitter pour aller dévorer la pizza.

Le processus est le même avec nos prospects. La simple décision d'être en meilleure santé, ou d'avoir plus de revenus chaque mois, prend à peine quelques secondes.

Nous demandons à nos prospects de décider s'ils veulent ou non bénéficier de nos avantages. Les détails peuvent venir plus tard.

Aucune pression.

On fournit en réalité un plan d'évasion à nos prospects. Ils ne se sentiront pas pris au piège par un vendeur qui tente de les manipuler à ses fins. Les prospects se détendent lorsqu'ils sentent qu'ils sont maîtres de leurs choix et que nous ne sommes pas là pour argumenter avec eux.

Lorsque nos prospects prendront la décision « oui, » comment allons-nous poursuivre ? Comment s'assurer que c'est le bon moment pour avancer en toute sécurité ?

Si nous avons peur de conclure, ou si on souhaite obtenir la permission de continuer, voici quelques phrases qui pourraient nous mettre à l'aise :

- « Réglons cela. »
- « Arrangeons ça tout de suite. »

Ces phrases permettent à nos prospects d'aller de l'avant avec nous... immédiatement.

Comment utiliser ces phrases ? Voici un exemple.

Nous : « Je viens de découvrir comment on peut avoir de l'énergie toute la journée. »

Prospect : « Ça semble génial ! C'est quelque chose dont j'ai besoin. »

Nous : « Arrangeons ça tout de suite. »

Prospecter : « Euh, qu'est-ce que tu veux dire ? »

Nous : « Il suffit de prendre ces capsules de super vitamines deux fois par jour. Fais-moi signe quand tu voudras avoir plus d'énergie, et on réglera ça. »

Prospect : « Oh. Bonne idée. »

Quand les prospects veulent ce que nous avons, la conversation devient amusante.

Chaque conversation sera-t-elle aussi facile ? Non.

Il y a de nombreuses raisons pour lesquelles un prospect pourrait ne pas être intéressé à nous parler maintenant. Peut-être :

- Ils sont occupés.
- Ils n'ont pas besoin de ce que nous leur offrons.
- Leurs intérêts sont ailleurs aujourd'hui.
- Ils passent une mauvaise journée.

Soyons polis. Donnons à nos prospects l'occasion de dire « non » et tout le monde y gagnera du temps.

Et c'est tout ? Oui.

Court. Simple. Dossier réglé !

CONSTATEZ À QUEL POINT ÇA PEUT ÊTRE SIMPLE.

Nam Do vend du café santé. En tant que professionnel du marketing relationnel, il a plusieurs excellents brise-glaces en poche. En voici un parmi bien d'autres. C'est tout ce qu'il a besoin de dire :

1. « Vous buvez du café ? »

2. « Ca vous conviendrait si votre café vous procurait une meilleure santé ? »

3. « Commandons-en un peu maintenant. »

Dossier réglé.

On ne peut pas rendre ce choix plus facile pour nos prospects.

Mais écoutez ça. Nam dit aussi :

« Former les nouveaux membres de mon équipe est facile. S'ils peuvent mémoriser trois phrases et ne prendre que les volontaires, ils peuvent générer un bon revenu à temps partiel. »

Quelle excellente façon de faire démarrer nos nouveaux équipiers. Ils peuvent maintenant gagner de l'argent immédiatement tout en continuant d'acquérir les compétences pour devenir meilleurs dans leur entreprise.

Un autre exemple ?

1. « Vous sentez-vous stressé ? »

2. « Que diriez-vous de réduire votre niveau de stress sans devoir casser la vaisselle ? »

Nos prospects pourraient bien sourire et dire : « Ouais ! Je le veux maintenant ! »

Récapitulons.

Notre conversation contient un excellent brise-glace. Il n'est pas invasif. Il introduit tout en douceur notre entreprise dans la conversation. Ensuite, notre brise-glace conclue également avec notre prospect avec les mots : « Que diriez-vous de... »

Aucune pression. On ne fait que provoquer une réponse : « oui » ou « non. » Si la réponse est « oui, » alors nous pourrions transformer leur décision en action en disant : « Réglons cela maintenant. »

Les prospects préfèrent les choix simples. Ils n'ont pas le temps d'examiner des plans de compensation compliqués, de considérer dix options différentes et d'étudier les données et les statistiques de l'industrie. Les longues présentations peuvent intéresser certaines personnes, mais la majorité préfère des options rapides et claires. Ils peuvent alors poursuivre leur vie.

Si les prospects préfèrent la simplicité, c'est ce que nous devons leur offrir. S'ils ont besoin de plus d'informations sur un point précis, ils se feront un plaisir de nous le demander.

Il vaut toujours mieux être bref que long.

Vous voulez prolonger cette courte conversation ?

Essayez ceci :

***

« Quand vous mangez, consommez vous habituellement de la malbouffe, ou essayez vous de manger plus sainement quand vous le pouvez ? »

« Alors vous allez adorer ça. »

« Aimeriez-vous vous sentir de mieux en mieux chaque jour ? »

« Est-ce que ça vous irait d'essayez ça pendant 30 jours pour voir à quel point vous pouvez vous sentir bien ? »

« On va régler ça maintenant. »

***

Ces cinq phrases ne seront pas longues à mémoriser. Voyons ce qui se passe, phrase par phrase.

« Quand vous mangez, consommez vous habituellement de la malbouffe, ou essayez vous de manger plus sainement quand vous le pouvez ? »

La première phrase incite nos prospects à opter pour une meilleure santé. La plupart des prospects ne veulent pas d'une mauvaise santé. Une fois que les prospects s'engagent verbalement envers une meilleure santé, ils veulent demeurer cohérents. Personne ne veut poursuivre en disant : « Non, j'ai changé d'avis. Je préfère avoir une mauvaise santé. »

Une fois que nos prospects optent pour être en meilleure santé, nous sommes vainqueurs.

Si on n'obtient pas cet engagement, voici ce qui peut arriver. À la fin de notre conversation, nos prospects pourraient bien dire : « Non, je ne pense pas. Je ne suis pas si préoccupé par la nutrition en ce moment. »

À la fin de notre première phrase, nous devrions savoir si nous aurons un client ou non. Mais cette phrase offre encore plus. Elle est tout à fait non invasive. Tout les nouveaux membres de l'équipe se sentiront à l'aise de poser cette question plusieurs fois par jour !

Quelle belle façon de prospecter des clients sans rejet.

« Alors vous allez adorer ça. »

Voici ce qui se passe lorsqu'on dit : « alors vous allez adorer ça. » Nos prospects se placent dans un état d'esprit positif. D'une certaine façon, on leur ordonne d'aimer ce que nous dirons ensuite. C'est une bonne chose.

« Voulez-vous vous sentir de mieux en mieux chaque jour ? »

Bien sûr, nos prospects diront : « Oui. » Mais voyez cela du point de vue des nouveaux réseauteurs qui viennent de joindre votre équipe. Obtenir des « oui » de leurs prospects leur donne l'assurance. Et quand ils se sentent bien, ça se voit. Les gens aiment faire des affaires avec les gens confiants.

« Est-ce que ça vous irait d'essayez ça pendant 30 jours pour voir à quel point vous pouvez vous sentir bien ? »

Une autre réponse « oui » de nos prospects. Non seulement les membres de notre équipe se sentent encore plus confiants, mais ils concluent aussi avec leur prospect sur-le-champ. Ils les ont engagés à améliorer leur santé dès la première question. Fini le stress, la décision a été prise.

« On va régler ça maintenant. »

Cette phrase fait progresser la vente en mettant tout le monde en action immédiatement. Ces mots semblent confiants. La plupart des prospects adoptent notre suggestion d'emprunter la voie d'une meilleure santé dès maintenant.

L'utilisation de phrases clés éprouvées permet de construire notre entreprise facilement et rapidement.

Eugene Hong, professionnel du marketing de réseau, maîtrise parfaitement ces phrases courtes et éprouvées qui font dire « oui » rapidement aux prospects. En quelques mots, il parvient à intéresser ses prospects, à les qualifier, à leur faire hocher la tête et à les convaincre. Eugene dispose de beaucoup de phrases qu'il peut utiliser pour transformer les sceptiques en fans, mais cela vient avec le temps.

Mémorisez quelques phrases et formules et garnissez ensuite votre banque. Sans elles, les nouveaux réseauteurs parlent au hasard et espèrent que les prospects se débrouillent tous seuls. C'est un mauvais plan. Les prospects n'ont pas de temps à accorder aux réseauteurs maladroits.

Nous devons être comme Eugène. Il faut aller droit au but et être clair, pour que les prospects puissent dire « oui » immédiatement.

ÉTAPE # 4 : LA PRÉSENTATION.

Nos prospects adorent ce que nous avons dit jusqu'à présent et ils répondent : « Ça sonne plutôt bien. Mais j'ai besoin d'en savoir plus. »

Le moment est venu de faire notre présentation. La décision a été prise. Il faut maintenant fournir quelques détails. Mais combien de détails ?

Écoutons attentivement ce que nos prospects nous disent : « J'ai besoin d'en savoir plus. » Ils ne disent pas : « S'il vous plaît, dites-moi tout ce que vous connaissez de votre entreprise. »

On ne veut pas en dire plus aux prospects que ce qu'ils veulent savoir. C'est impoli, c'est une perte de temps, et ça pourrait même les dissuader.

Il y a plus de réseauteurs qui perdent des ventes en parlant qu'en écoutant. Mieux vaut en dire moins que trop. Si on en dit trop peu, ils pourront toujours en demander plus.

Dans le passé, les vendeurs croyaient que les présentations de vente étaient l'outil pour convaincre les prospects de prendre une décision. Les compagnies redoublaient d'effort pour créer des présentations élaborées avec des graphiques, des vidéos, des PowerPoint ainsi que des preuves et des témoignages sans fin.

Aujourd'hui, nous savons que c'était une erreur. Les décisions sont prises avant le début de la présentation.

Nous n'avons pas besoin d'une présentation de vente pour convaincre les prospects de vouloir ce qu'ils veulent déjà. Ce qui signifie qu'il n'y a plus de pression, ni sur nous, ni sur nos prospects. Désormais, nos présentations sont la prolongation d'une conversation détendue où on répond aux questions de nos prospects et où on les aide à saisir les détails.

Pour certains prospects, le seul détail qu'ils souhaitent connaître est le nom de l'entreprise. Tandis que d'autres voudront connaître tous les menus détails. Chacun aura besoin d'une dose différente d'information.

Alors comment deviner de quelle quantité d'information nos prospects ont besoin ? C'est difficile. Mais nous avons des options passe-partout. En voici quelques unes qui ont fait leurs preuves :

- La micro-présentation. Faire une micro-présentation de trois ou quatre phrases qui donne les grandes lignes. Ensuite, on attend que nos prospects demandent plus de détails.
- La présentation minute. Faire une présentation minute et attendre que nos prospects demandent plus de détails.
- L'histoire deux-minutes. Racontez une histoire deux-minutes et, encore une fois, attendre que nos prospects demandent plus de détails.
- Demander à un prospect en particulier : « Qu'aimeriez-vous savoir pour commencer ? » Puis, continuer à répondre aux questions au fur et à mesure qu'elles se présentent.

Notez qu'aucune des options précédentes ne suggère de : « Dire à nos prospects tout ce que nous connaissons sur l'entreprise et ses produits. Leur lire la présentation PowerPoint comme s'ils étaient analphabètes. Les ennuyer avec des vidéos promotionnelles corporatives typiques. Et dire à vos prospects de rester assis et tranquilles puis de garder leurs questions pour la fin, pendant que nous leur parlons de notre merveilleuse entreprise et de nos produits. »

Lorsqu'on démarre notre entreprise, nous avons peu de techniques de présentation en poche. On ne connait pas beaucoup de choses sur notre entreprise. Et notre confiance en nous n'est peut-être pas à son plus haut niveau. On choisit alors la présentation par défaut de la compagnie, ce qui réduit considérablement nos chances de réussite.

On envoie alors nos prospects regarder un site web ou une vidéo d'entreprise et on espère que nos prospects s'enflammeront comme par magie et qu'ils reviendront nous supplier de joindre notre entreprise. C'est un scénario possible, mais c'est plutôt rare. Ceci dit, lorsqu'on débute, ça pourrait être notre seule option.

On peut s'améliorer.

Pourquoi devrait-on améliorer nos compétences ? Pour pouvoir traiter nos prospects comme des personnes, et pas seulement comme des statistiques qu'on dirige vers une vidéo promotionnelle impersonnelle sur le Web. Nous voulons reconnaître nos prospects comme de vraies personnes, qui ont des besoins réels. C'est la puissance du marketing relationnel, personne à personne.

S'il suffisait d'envoyer des millions d'invitations à regarder une vidéo, nos compagnies n'auraient pas besoin de nous ; elles pourraient le faire elles-mêmes. Nos relations de personne à personne nous procurent un énorme avantage si on le compare au coté impersonnel des publicités corporatives.

Quelle présentation vous semble la plus efficace ?

1. Notre mère voit une publicité en ligne qui traite du pouvoir des vitamines. Ou...

2. On demande personnellement à notre mère d'acheter nos vitamines.

Quelle offre a le plus de poids ? La deuxième, bien sûr. Les grandes entreprises aimeraient ben bénéficier de l'avantage des relations interpersonnelles dont on dispose.

Alors, vivement il nous faut apprendre une forme de présentation efficace. Commençons donc par une micro-présentation de trois ou quatre phrases qui fournit à nos prospects une vue d'ensemble. C'est peut-être tout ce dont ils ont besoin.

Ou s'ils souhaitent en savoir plus, ils peuvent poser davantage de questions sur la base de ce que nous venons de leur partager.

Micro-présentations (une vue d'ensemble).

C'est un moyen simple de débuter.

Il suffit de faire une micro-présentation de trois ou quatre phrases qui donne une vue d'ensemble à nos prospects. Une fois qu'ils ont saisi l'essentiel, ils ont un choix à faire.

1. « C'est tout ce que j'ai besoin de savoir. Commençons. »

2. « Pourrais-tu m'en dire un peu plus ? »

3. « J'aimerais assister à une présentation complète. »

Il nous suffit de suivre le chemin que nos prospects indiquent. Rien de compliqué. Ils apprécient que nous soyons là pour les aider.

Voici un exemple de micro-présentation d'une opportunité d'affaire si nous sommes dans le secteur de la nutrition.

« On ne vend rien. Tout le monde souhaite déjà être en bonne santé et vivre plus longtemps. Nous leur offrons tout simplement un produit formidable pour les aider à y parvenir. La plupart des gens veulent notre produit, et nous sommes payés pour en avoir fait la promotion. »

C'est un message clair. Nos prospects « pigent » sans devoir se farcir une tonne de blabla, des vidéos et subir de la vente à pression. Est-ce que nos prospects apprécieront cette vue d'ensemble ? Oui ! Et que fait-on ensuite ? Une pause.

Cette pause permet aux prospects de demander une explication supplémentaire sur un ou plusieurs des éléments que nous avons partagés. Il n'y a rien de pire qu'un prospect qui a des questions mais n'a pas la chance de les poser. Ça crée une tension inutile chez nos prospects. On déteste quand les vendeurs font un monologue sans pause. On se sent frustrés parce qu'on veut poser une question. On ne veut pas faire partie de cette catégorie de vendeurs qui ne savent pas s'arrêter et écouter.

Appliquons cette micro-présentation à nos produits.

« Les gens veulent se sentir mieux. Ils adorent la façon dont cette boisson diététique les aide à se sentir bien. En fait, ils aiment tellement ça, que la plupart en parlent à leurs amis. »

Maintenant, nos prospects se disent : « Je devrais dire à mes amis de te parler aussi. Ils se sentent fatigués et veulent eux aussi se sentir mieux. »

Conseil important, il est plus facile d'obtenir des références en incluant dans la dernière phrase : « la plupart en parlent à leurs amis. »

Deux autres exemples.

« Les gens peuvent être préoccupés et inquiets dans leur quête d'obtenir tous les éléments nutritifs dont ils ont besoin quotidiennement. Ou encore, ils peuvent prendre notre boisson nutritive naturelle pour y arriver. Elle vous permettra non seulement de mieux dormir la nuit, mais aussi de vous sentir bien. »

« Maintenez votre famille en bonne santé. Et laissez vos amis et vos voisins faire la même chose. Recevez de cette façon un chèque tous les mois pour avoir aidé les autres à en profiter aussi. »

Ces présentations n'ont rien de terrifiant, et se mémorisent rapidement.

Pouvons-nous l'utiliser pour notre opportunité d'affaires ?

Oui, les micro-présentations précédentes démontrent que notre première présentation d'opportunité d'affaires n'a pas besoin d'être compliquée.

Nous n'avons pas besoin d'expliquer tous les détails. Tout ce qu'on fait, c'est donner une vue d'ensemble. Nos prospects peuvent ensuite choisir la portion pour laquelle ils aimeraient obtenir plus d'information. Ou bien, ils apprécient tout simplement le fait que notre micro-présentation va droit au but et ils se sentent toujours à l'aise dans notre conversation.

Si on le souhaite, on peut ajouter quelques phrases supplémentaires, mais on doit maintenir nos micro-présentations courtes. Voici quelques exemples.

« Vous vous sentirez bien. Laissez savoir à vos voisins qu'ils peuvent eux aussi se sentir bien. Ils vous adoreront. Et vous serez payé à chaque fois qu'ils commandent. »

« Soyez un héros. Faites savoir à vos amis et à vos voisins qu'ils peuvent ralentir le processus de vieillissement en prenant soin de leur santé. Recevez un chèque de paie pour les avoir aidés. »

« Vous voulez avoir votre propre entreprise à temps partiel pour aider les gens à être en meilleure santé ? Sentez-vous bien en faisant une différence. Développez votre entreprise pour générer un revenu à temps plein. »

« Vous voulez une carrière pour aider les gens jouir d'une vie meilleure ? Sentez-vous bien chaque jour en aidant les autres à vivre plus longtemps. Plus vous aidez de gens, plus vous gagnerez d'argent. »

« Vous avez de grands rêves ? Construisez un réseau d'affaires composé de travailleurs à temps partiel qui aident leurs amis et leurs voisins à améliorer rapidement leur santé. Plus votre réseau est grand, plus votre revenu est élevé. »

« Tout le monde est ouvert aux options pour vivre plus longtemps et en meilleure santé. Continuez à donner à plus de gens la possibilité de choisir votre option et vous pourrez peut-être remplacer votre revenu à temps plein. Vous n'aurez plus à faire la navette maison-travail-maison. »

Il s'agit évidemment de versions synthétisées de notre opportunité. Cette vue d'ensemble permet à nos prospects de demeurer détendus et se sentir à l'aise avec notre offre. Nous aurons tout le loisir de parler de l'historique de la compagnie et des détails du plan de rémunération une fois que notre prospect se sera détendu et aura manifesté un intérêt bien entendu.

Lorsque nous offrons une vue d'ensemble claire, le scepticisme s'efface. On présente les faits comme une option de plus dans la vie de nos prospects. C'est à eux de déterminer si ce choix convient dans leurs vies.

Ce bref aperçu sera-t-il suffisant pour la plupart des prospects ? Probablement pas. Mais il détend l'atmosphère et les aide à déterminer les questions qu'ils aimeraient poser. Mieux vaut maintenir la dynamique d'une conversation plus que de la transformer en présentation de vente.

Allons plus loin et faisons plutôt une courte présentation plus structurée.

LA PRÉSENTATION MINUTE.

Si on utilise une présentation détaillée de 30 minutes, on entendra habituellement des objections telles que

- « J'ai besoin de réfléchir. »
- « Je ne peux pas faire ça. Je serais incapable de mémoriser cette présentation. »
- « Je peux vous rappeler plus tard ? J'ai quelque chose à faire pour l'instant. »
- « Je n'ai pas le temps maintenant. Je ne peux pas entreprendre un autre projet. »
- « Je ne connais personne. Je sors rarement. »
- « Il faut être vendeur pour réussir. Ça n'est pas pour moi. »
- « Je ne pourrais jamais faire ce que tu fais. Je ne suis pas doué pour ça. »
- « Mon conjoint et moi ne faisons pas ce genre de choses. »

Ce sont de vraies objections ? Non.

Nos prospects sont tout simplement polis et nous répondent « non » sans nous rejeter personnellement.

Qu'est-ce qui a mal tourné ? Nos prospects ne pouvaient pas s'imaginer parler à leurs amis et à leurs parents comme nous l'avons fait avec eux. C'est un indice. Nous devrions faire nos présentations à nos prospects d'une façon qui leur semble plus confortable et à leur portée.

Obtenir plus de rendez-vous.

La présentation d'une minute offre plusieurs avantages et permet entre autres d'obtenir des rendez-vous plus facilement. Nous n'avons plus besoin d'appeler quelqu'un et lui demander 30 minutes ou une heure de son temps. On demande plutôt la permission de lui faire une courte présentation d'une minute. Pour nos prospects, il est plus facile de nous accorder une permission de 60 secondes que d'essayer de nous éviter.

Pour céduler une présentation, il nous suffit de mémoriser deux phrases :

1. « Je peux vous faire une présentation complète, mais il me faudrait une bonne minute. »

2. « Quand pourriez-vous m'accorder une minute complète ? »

Que répondront la plupart des prospects ?

« Allez-y. Je suis curieux de savoir ce que c'est. Dites-le-moi maintenant. »

Nos prospects seront à l'écoute. On n'aura pas à désactiver leurs alarmes et leurs filtres anti-vendeurs. Ils attendront même avec impatience notre explication d'une minute.

Nous pourrions aussi utiliser ces deux phrases au téléphone. La plupart du temps, nos prospects ne veulent pas investir 30 minutes ou une heure à écouter une présentation. Ils veulent avoir une vue d'ensemble avant d'aller plus loin. Pourquoi ? Parce qu'ils accordent de l'importance à leur temps.

Afin d'optimiser leur agenda, ils ont tendance à rechercher dans votre description quelque chose qui ne leur convient pas. Ça leur permettra de se retirer immédiatement de la conversation pour passer à autre chose. Ils n'auront pas à investir leur temps précieux à écouter des détails portant sur quelque chose qui ne les intéresse pas.

Lorsqu'on offre une vue d'ensemble à des prospects sceptiques, ils se sentent à l'aise. Et puisqu'on ne leur a pas caché d'informations, ils laissent tomber scepticisme et réticence. Ils sont maintenant plus ouverts d'esprit.

De mieux en mieux.

Notre « vue d'ensemble » est plus structurée dans la présentation minute. On veut répondre aux trois questions les plus importantes de nos prospects :

1. « Dans quel type d'entreprise êtes-vous ? »

2. « Combien d'argent puis-je y gagner ? »

3. « Que dois-je faire exactement pour gagner cet argent ? »

Il ne faudra pas beaucoup de temps pour répondre à ces trois questions.

Si on répond clairement à ces trois questions, nos prospects pourront alors faire un choix :

1. « Oui, je veux m'inscrire. »

2. « Non, je ne veux pas en faire partie. »

3. « J'ai une ou deux questions. »

Voici un exemple de présentation minute qui prend moins de 15 secondes :

« Vous pouvez devenir cascadeur pour des productions cinématographiques. Vous pouvez gagner 100 000 dollars par an. Et tout ce que vous devez faire, c'est risquer votre vie chaque jour en conduisant comme un fou. »

Nos prospects ont obtenu des réponses à leurs trois questions de base :

1. « Dans quel type d'entreprise êtes-vous ? » (Vous pouvez devenir cascadeur pour des productions cinématographiques.)

2. « Combien d'argent puis-je y gagner ? » (Vous pouvez gagner 100 000 dollars par an.)

3. « Que dois-je faire exactement pour gagner cet argent ? » (Et tout ce que vous devez faire, c'est risquer votre vie chaque jour en conduisant comme un fou.)

Une présentation claire, simple et suffisamment détaillée pour que la plupart des gens puissent prendre une décision.

Voyons comment nous pourrions répondre à ces trois questions pour notre entreprise de santé et de nutrition.

Question # 1 : « Dans quel type d'entreprise êtes-vous ? »

Ce n'est pas le moment d'être vague ou de tenter de paraître important. C'est un bon moment pour être clair et aller droit au but. On veut que nos prospects comprennent.

Nos prospects ne veulent pas connaître les détails de notre entreprise pour l'instant. Ils veulent d'abord savoir de quel type d'entreprise il s'agit. Pourquoi ? Parce que personne ne s'impliquerait dans une entreprise sans savoir de quel type d'entreprise il s'agit. Ou peut-être que notre prospect nourrit un préjugé envers certains types d'entreprises. C'est le bon moment de le découvrir.

Voici quelques réponses possibles à cette première question.

« Nous sommes dans le domaine de la santé et de la nutrition. Tout le monde veut se sentir mieux et vivre plus longtemps. »

« Nous sommes dans le domaine de la santé. Les gens se préoccupent de leur santé tout le temps. »

Cette explication simple permet à nos prospects de savoir dans quel secteur nous œuvrons. Si on remarque que cette explication n'est pas suffisamment explicite, on peut ajouter quelques éléments. Des mots utilises pour indiquer que nous allons approfondir notre description sont : « ce qui signifie. » Voici un exemple :

« Nous sommes dans le domaine de la nutrition, ce qui signifie que lorsque les gens ne peuvent pas manger sainement à chaque repas, on intervient et on leur vient en aide. »

L'explication longue et les détails seront divulgués seulement aux prospects intéressés.

Question # 2 :
« Combien d'argent puis-je y gagner ? »

C'est la portion de la présentation minute qui fait appel à notre bon sens et à notre capacité d'écoute. Si nos prospects ne nous donnent pas d'indice sur le montant d'argent qu'ils aimeraient gagner, nous pourrions deviner.

Ou, encore mieux, nous pourrions leur demander.

Un prospect qui cherche à changer de carrière voudra savoir comment il peut gagner beaucoup d'argent. D'autres ne chercheront qu'un revenu à temps partiel pour porter secours au budget familial.

Comment le communiquer de manière concrète en quelques secondes ?

Pour poursuivre notre présentation d'une minute et répondre à cette seconde question, nous pourrions dire : « Si vous souhaitiez gagner 500 dollars de plus par mois, vous devriez faire ces trois choses. »

Oui, on poursuit notre présentation minute en indiquant tout de suite à nos prospects un exemple de montant mensuel qu'ils pourraient gagner. Inutile de les tenir en haleine. Les prospects nous adorent lorsqu'on va droit au but.

Pendant que nous poursuivons notre présentation minute, notre prospect peut maintenant se concentrer sur la vue d'ensemble de notre entreprise. Puis à la fin de notre présentation, on rappellera de nouveau à notre prospect le revenu mensuel qu'il pourrait ajouter à son portefeuille. On pourra par exemple terminer par : « …et c'est ainsi que vous gagneriez 500 dollars de plus par mois. »

Ne soyez pas inquiets ou confus. Nous assemblerons bientôt toutes les pièces du puzzle de la présentation minute. Vous verrez comment tout s'emboîte parfaitement.

Question # 3 : « Que dois-je faire exactement pour gagner cet argent ? »

C'est à cette étape que la magie opère. C'est la question qui brûle les lèvres de tous les prospects. Bien sûr, notre réponse à cette question dépendra du mon-tant d'argent que nos prospects veulent gagner. Nous allons regarder quelques exemples ensembles.

Ces exemples sont des approximations. À ce stade de la conversation, nos prospects ne veulent pas connaître tous les détails relatifs à la qualification pour certains niveaux de bonus. Et nos prospects ne veulent pas dix exemples différents. Que veulent-ils ?

Un aperçu sommaire de l'activité qu'ils devraient effectuer pour gagner cette somme d'argent.

Voici ce qu'ils ne veulent pas entendre :

« Parler aux gens. »

« Partager notre message avec vos amis. »

Ces réponses sont trop vaporeuses. Nous allons leur donner un exemple. Cet exemple sera-t-il adéquat à 100% dans 100% des cas ? Non. L'objectif de cet exemple se limite à répondre à la question : « Que dois-je faire pour gagner cet argent ? »

L'important est de fournir une explication claire et brève. Quelques exemples :

« Prenez deux soirs par semaine pour aider les gens à empêcher leur corps de rouiller et vieillir. Et après six mois, vous gagnerez 500 dollars de plus par mois. »

« Chaque semaine, aidez une famille à prendre sa santé au sérieux. Et parmi toutes les personnes que vous aiderez, vous trouverez quatre personnes qui veulent aussi développer un revenu à temps partiel en faisant la même chose. Au bout d'un an, vous gagnerez 1 000 dollars de plus par mois. »

« Trouvez quatre personnes qui détestent leur travail et qui veulent plus d'opportunités dans leurs vies. Aidez chacune d'elles à trouver ses 50 premiers clients, et vous gagnerez alors 2 000 dollars de plus par mois. »

Tous ces exemples sont-ils parfaitement adaptés à votre entreprise ? Bien sûr que non. Les chiffres et les qualifications pourraient différer selon de votre plan de rémunération, les primes de démarrage rapide, des promotions spéciales, si les nouveaux membres de votre équipe parrainent d'autres membres, etc.

Tous ces détails pourront être expliqués plus tard durant la formation. Pour l'instant, la question que se posent nos prospects est : « Grosso modo, quel type d'activité dois-je faire pour gagner cet argent ? » Soyons polis et répondons à cette question pressante dans leur esprit.

Regroupons ensemble les réponses aux trois questions.

Nos prospects nous disent : « Oui, j'ai une minute. Parlez-moi de votre opportunité. » Notre réponse ?

« Nous sommes dans le domaine de la santé et de la nutrition. Tout le monde veut vivre plus longtemps et se sentir plus jeune. Vous pouvez gagner 500 dollars de plus par mois. Il suffit de passer deux soirs par semaine à aider les familles à repousser les problèmes liés au vieillissement en leur suggérant une meilleure nutrition pour leurs corps. Après six mois, vous gagnerez 500 dollars de plus par mois. »

Ouah ! Cela prend moins de 20 secondes.

Est-ce tout ce que nos prospects veulent savoir ? Non.

Cependant, c'est tout ce qu'ils veulent savoir pour le moment. Cette courte présentation leur donne la possibilité de prendre une première décision, « oui » ou « non, » sans avoir à y consacrer beaucoup de temps.

Si ce qu'ils ont entendu leur semble intéressant, nous pourrons leur fournir tous les détails par la suite.

Avec le temps, nous apprendrons à le faire de façon plus élégante. Mais pour l'instant, cette présentation suffira pour la plupart des gens à qui nous parlerons.

Remarquez ce que nous avons écarté de la présentation.

Nous n'avons pas parlé :

- Comment la nutrition organique diffère des vitamines synthétiques.
- Notre brevet de recherche unique.
- Le curriculum vitae du dirigeant de notre entreprise.
- Les différents niveaux du plan de rémunération.
- À quel endroit nous pourrions leur présenter un PowerPoint.
- Les vidéos commerciales de notre entreprise.
- Le chiffre d'affaire de l'industrie de la santé et de la nutrition.

En moins de 20 secondes, nos prospects ont une vue d'ensemble. S'ils n'aiment pas ce qu'ils ont entendu, ils peuvent dire « non » immédiatement et nous serons toujours amis. Nous n'aurons pas à changer de trottoir si on se croise dans le futur.

Nos prospects peuvent aussi répondre : « Je trouve ça génial. Je désire m'inscrire. »

Et si nos prospects veulent plus de détails, ils peuvent simplement demander. On fera de notre mieux pour répondre à leurs questions le plus clairement possible.

Cette présentation minute fonctionne en face à face, au téléphone et par vidéo conférence. Terminé les invitations trompeuses à des réunions secrètes. Nos prospects peuvent désormais se détendre avec en poche les grandes lignes de notre offre.

Voyons maintenant comment cette présentation minute s'articule dans une conversation typique.

Nous : « Je peux vous faire une présentation complète, mais il me faudrait une bonne minute. Quand pourriez-vous me consacrer une minute entière ? »

Prospect : « Tout de suite. Allez-y. »

Notre présentation :

« Si vous désirer gagner 500 dollars de plus par mois, vous devez faire ces trois choses. »

(Lorsque nous disons ces trois choses, nos prospects ont l'impression que nous allons droit au but, pas de longs discours de vente. Et trois choses ne semblent pas trop exigent non plus.)

« Numéro un : Ne changez pas. Continuez à recommander les choses que vous aimez. » (Nos prospects se sentent à l'aise. Il est naturel pour les humains de recommander des choses qu'ils aiment aux autres. Ça indique également à nos prospects qu'ils pourront rester dans leur zone de confort).

« Numéro deux : Nous sommes dans le domaine de la santé. Tout le monde veut être en meilleure santé et vivre plus longtemps. Nous passons simplement quelques minutes avec eux pour leur montrer comment intégrer plus de santé dans leur corps. » (Nos prospects comprennent notre métier, le nuage se dissipe dans leurs têtes.)

« Et troisièmement : Il suffit de passer deux soirs par semaine à montrer aux gens comment se sentir bien en ajoutant des produits plus sains dans leur vie. Au bout de six mois, vous gagnerez 500 dollars de plus par mois. » (Nos prospects savent que cela leur enlèvera deux soirées de télévision et ne s'attendront pas à gagner 500 dollars par mois tout de suite).

C'est fait !

Maintenant, nous donnons à nos prospects la chance de s'exprimer. Il n'y a rien de pire que de parler trop longtemps. Lorsqu'on cesse de parler, nos prospects ont le choix. Nous attendons simplement que nos prospects fassent le choix qui leur convient le mieux à ce moment de leur vie.

Certaines personnes craignent le changement. Elles insisteront pour que leur vie actuelle reste exactement la même. C'est normal. Ça les rend heureux.

D'autres personnes accueilleront favorablement un changement pour une meilleure santé et plus d'argent. Ils insisteront pour changer immédiatement. Ils auront l'impression que chaque seconde perdue représente de l'argent en moins dans leurs poches. Nous pouvons les aider à changer maintenant.

Lorsqu'on rend visite à des prospects, ils n'ont aucune obligation d'acheter ou d'adhérer. On leur propose simplement nos produits ou notre opportunité comme une option supplémentaire dans leur vie.

Prenons un autre exemple.

« Si vous vouliez gagner 500 dollars de plus par mois, vous devriez faire ces trois choses.

« Numéro un : Ne changez pas. Continuez à recommander les choses que vous aimez, comme votre musique ou votre film préféré.

« Numéro deux : Nous sommes dans le domaine de la santé et du mieux-être, ce qui signifie que nous aidons les gens à empêcher leur corps de rouiller de l'intérieur, afin qu'ils paraissent et se sentent plus jeunes naturellement.

« Numéro trois : Tout ce que vous devez faire, c'est aider une personne à se joindre à votre équipe chaque mois, et aider cette personne à trouver ses quatre premiers clients satisfaits pour lancer son entreprise.

« Et puis, au bout de huit mois, vous gagnerez 500 dollars de plus par mois. »

Lorsque nous sommes clairs, nos prospects se détendent et entendent notre message.

Et que se passe-t-il si nos prospects ne prennent pas une décision immédiate ?

« Réfléchir » équivaut à prendre la décision « non. » « Réfléchir » revient à décider de ne pas changer. Si nos prospects prennent consciemment la décision d'en rester où ils en sont, pas de problème. On veut simplement s'assurer qu'ils sont conscients que « réfléchir » signifie qu'ils rejettent une meilleure santé, ou qu'ils écartent l'option d'avoir plus d'argent dans leur vie.

Voici une conclusion simple qui aide les prospects à comprendre qu'ils vont soit prendre la décision de changer, soit prendre la décision de rester là où ils sont. Voici la conclusion :

« Soit c'est bon pour vous, ou pas. Alors, que voulez-vous faire ? »

Quelques exemples ?

« Ralentir et vieillir chaque jour, soit c'est bon pour vous, ou pas. Alors, que voulez-vous faire ? »

« Se sentir jeune et bien tous les jour, soit c'est bon pour vous, ou pas. Alors, que voulez-vous faire ? »

« Avoir 500 dollars de plus par mois dans le budget familial, soit ça vous branche, ou pas. Alors, que voulez-vous faire ? »

« Créer une entreprise à temps partiel quelques heures par semaine durant vos temps libres pour pouvoir quitter votre emploi l'année prochaine, soit ça fonctionne pour vous, ou pas. Alors, que voulez-vous faire ? »

« Vivre une carrière qui vous permet de travailler de la maison au lieu de combattre chaque jour le trafic, soit ça vous stimule, ou pas. Alors, que voulez-vous faire ? »

« Protéger votre cœur et votre circulation, soit ça vous intéresse, ou pas. Alors, que voulez-vous faire ? »

Cette conclusion simple aide les prospects à se concentrer sur ce qu'ils veulent dans leur vie. Quand on leur pose cette question, ils ne se sentent pas sous pression. Au contraire, ils se détendent parce qu'ils savent maintenant qu'ils sont responsables de leurs propres choix de vie.

Pas de stress.

Notre brise-glace a pré-conclu avec nos prospects. La partie la plus difficile de notre travail a déjà été effectuée. Notre présentation est la partie la plus facile.

De plus, si on leur offre une présentation courte, nos prospects seront aux anges. Pour nos prospects, une mauvaise présentation d'une minute sera toujours mieux qu'une présentation parfaite de 30 minutes. De toute façon, les prospects préfèrent parler plutôt que de nous écouter.

Et voici un avantage supplémentaire. Cette présentation est si courte que nos prospects se disent : « Je pourrais le faire moi aussi. Cette explication est vraiment simple. »

Pouvons-nous améliorer nos compétences en matière de présentation à par la suite ? Bien sûr.

Si nous sommes tout nouveaux, ces courtes présentations sont un bon point de départ. Elles nous donneront confiance et elles nous éviteront de se transformer en moulin à paroles.

Le livre « *La Présentation Minute* » permet d'approfondir l'ABC de cette présentation courte. Mais on peut tout de même démarrer avec les notions enseignées dans ce livre puis approfondir ensuite.

Dans le prochain chapitre, nous examinerons une structure de présentation plus avancée pour décrire notre opportunité d'affaire.

L'HISTOIRE DEUX-MINUTES.

Cette présentation fonctionne lorsqu'on parle à un prospect seul ; elle n'est pas appropriée pour une présentation de groupe. Pourquoi ? Parce que nous allons avoir une conversation avec notre prospect. On doit obtenir son feedback afin de pouvoir adapter la présentation à ses besoins.

Elle n'est pas non plus adaptée à la vente de nos produits. L'histoire portera sur notre opportunité.

Elle n'est pas non plus idéale pour quelqu'un qui cherche un petit revenu à temps partiel. Cette histoire convient plutôt à quelqu'un qui désire changer de carrière.

En effet, cette histoire a ses limites. Mais elle offre l'avantage de permettre aux prospects de s'imaginer facilement réussir dans une carrière à plein temps en marketing relationnel.

Margaret Millar a dit un jour : « La plupart des conversations ne sont que des monologues prononcés en présence d'un témoin. » Et c'est là le problème des présentations classiques. Toute la communication se déroule à sens unique, comme prêcher un sermon à nos prospects. C'est rarement apprécié.

L'histoire deux-minutes change la donne. Plutôt que de se lancer dans une présentation générique interminable, on créé une histoire dans l'esprit de nos prospects, que l'on configure en fonction de leur situation actuelle.

Commençons à développer notre histoire deux-minutes maintenant. Il est plus facile de la démontrer que de l'expliquer.

L'invitation.

Comment pensez-vous que nos prospects réagiraient si nous lancions ceci dans la conversation ?

« J'ai une bonne histoire. »

La plupart des prospects répondraient : « Super ! Raconte-moi ton histoire. » Pourquoi ? Parce que les humains aiment les histoires.

Chaque fois que quelqu'un raconte une histoire, notre cerveau nous dicte : « Arrête. Écoute l'histoire. Elle peut être importante pour notre survie. » De plus, une histoire est plus intéressante qu'une présentation et des faits. Nous aimons les films et les livres parce qu'ils racontent des histoires.

Même les enfants adorent les histoires. Dès qu'ils peuvent parler, ils disent : « Maman, papa, raconte-moi une histoire. » Non seulement on capte l'intérêt de nos prospects, mais cet intérêt est favorable. C'est important parce qu'ils entendront ce que nous avons à dire.

Poursuivons notre invitation.

« J'ai une bonne histoire. Elle dure environ deux minutes. Elle peut vous rapporter beaucoup d'argent, ou pas. Vous voulez l'entendre ? »

Que pensez-vous que nos prospects vont répondre ? « Oui ! »

Plaçons-nous dans les chaussures de nos prospects. Qu'est-ce qui pourrait leur plaire dans cette invitation ?

- « J'ai une bonne histoire. » Les prospects adorent les histoires.
- « Elle dure environ deux minutes. » Les prospects préfèrent les histoires courtes aux histoires longues.
- « Elle peut vous rapporter beaucoup d'argent, ou pas. » La possibilité de gagner de l'argent ? Peu de gens y sont indifférents.
- « Vous voulez l'entendre ? » On donne à nos prospects la possibilité de poursuivre la conversation. Aucune pression. Ils peuvent se porter volontaires, ou non.

Cette simple invitation à l'histoire deux-minutes offre la possibilité à nos prospects de se porter volontaires pour écouter notre courte présentation.

Voici l'invitation à nouveau. On doit la mémoriser mot pour mot, et être prêts à l'utiliser à tout moment.

« J'ai une bonne histoire. Elle dure environ deux minutes. Elle peut vous rapporter beaucoup d'argent, ou pas. Vous voulez l'entendre ? »

Quelle est la prochaine étape ?

Nous pourrons ensuite débuter notre histoire avec une question. Elle nous permettra de personnaliser le scénario.

« Que diriez-vous de ne plus jamais devoir occuper un emploi ? »

Nos prospects réfléchissent : « À quoi ça ressemblerait pour moi ? Est-ce que je pourrais rester à la maison et lire, ou travailler sur ma musique ? Peut-être que je pourrais faire l'école à la maison à mes enfants et être auprès d'eux pour les voir grandir ? Est-ce que je pourrais enfin faire ma valise pour visiter les endroits dont je rêve depuis si longtemps ? Oh, et puis, comment je me sentirais si je pouvais dormir plus tard chaque matin. »

Nos prospects laissent libre cours à leur imagination. En ce moment, ils créent une vision de ce que pourrait être leurs vies. C'est excellent car si nos prospects n'ont pas de rêves, ils ne seront pas motivés à se lancer.

Cette question est plus efficace pour nous révéler ce qu'ils désirent vraiment que de jouer à la devinette. Certaines personnes veulent voyager. D'autres veulent poursuivre leurs passions. Nous n'en avons aucune idée. Alors plutôt que de leur proposer un scénario qui ne les stimule pas, laissons chaque prospect créer sa propre vision parfaite.

Voici notre deuxième phrase :

« De combien d'argent auriez-vous besoin chaque mois, juste pour couvrir les dépenses de base, et ne plus jamais devoir occuper un emploi ? »

Est-ce trop personnel ? Non. Nous on ne leur a pas demandé combien d'argent ils gagnent présentement. Dans la plupart des sociétés, ce serait d'ailleurs impoli. Nous voulons seulement connaître le montant minimum dont ils ont besoin pour payer les factures courantes. Ce sera le revenu minimum dont ils ont besoin pour ne plus jamais devoir se présenter au travail.

Notez que nous ne leur avons pas demandé combien d'argent ils **aimeraient** gagner. Ils pourraient nous lancer un chiffre astronomique. Nous voulons que ce montant soit le plus bas possible. Il devient alors plus facile de leur montrer comment notre opportunité peut les aider à atteindre cet objectif. Ce montant doit être suffisant pour payer les factures et manger au restaurant quelques fois par mois.

Une fois que nous avons obtenu ce chiffre, nous avons terminé notre collecte de données. Voici à quoi ressemble notre présentation à ce stade.

***

« J'ai une bonne histoire. Elle dure environ deux minutes. Elle peut vous rapporter beaucoup d'argent, ou pas. Vous voulez l'entendre ?

« Que diriez-vous de ne plus jamais devoir occuper un emploi ?

« Combien d'argent vous faudrait-il par mois, juste pour couvrir les dépenses courantes, et ne jamais devoir retourner au travail ? »

***

Présumer vaut mieux que vendre.

Plutôt que tenter de vendre les avantages de nos produits, nous allons présumer que nous offrons une valeur incroyable à nos prospects. Et lorsqu'on présenter cette valeur incroyable avec assurance, nos prospects y croient naturellement. Nous sommes si confiants qu'il est presqu'impossible de ne pas y croire.

Techniquement, ce ne sont pas nos produits que nous promotionnons en ce moment auprès de nos prospects. Mais nous souhaitons leur faire réaliser que d'autres personnes achèteront et utiliseront nos produits. On veut établir qu'il existe un marché réel pour ce que nous offrons. Personne ne veut s'associer à une entreprise où personne n'achète. Nous poursuivrons donc avec la phrase suivante :

« Eh bien, vous savez que la plupart des gens veulent vivre plus longtemps et être en meilleure santé ? »

Lorsque nous commençons par « Eh bien, vous savez comment, » nos prospects se mettent instinctivement à hocher la tête en signe d'approbation. Et on poursuit en énonçant un fait avec lequel ils seront d'accord. « La plupart des gens veulent vivre plus longtemps et être en meilleure santé » est un excellent fait à utiliser. Qui pourrait s'y opposer ?

Le résultat ? En ce moment, nos prospects sont d'accord avec le fait que de nombreuses personnes recherchent ce que nous avons. Mission accomplie.

Mais qu'en est-il si nous vendons des produits amaigrissants ? Notre exemple précédent concerne les produits de santé en général, mais nous pourrions l'adapter à diverses lignes de produits. Notre prochaine phrase fournira à nos prospects un aperçu de notre entreprise. C'est un bon endroit pour mousser la mousser tout en douceur.

« Il y a une compagnie qui se nomme [notre entreprise] et qui montre aux gens comment devenir plus en santé, sans devoir passer quatre heures par jour au gym. »

Nos prospects supposeront que notre entreprise est bonne puisqu'elle aide les gens à être en meilleure santé malgré une vie chargée. Ils se diront probablement : « Tout le monde voudrait ça. »

Voici les portions de l'histoire deux-minutes que nous avons décortiquées jusqu'à présent.

***

« J'ai une bonne histoire. Elle dure environ deux minutes. Elle peut vous rapporter beaucoup d'argent, ou pas. Vous voulez l'entendre ?

« Que diriez-vous de ne plus jamais devoir occuper un emploi ?

« Combien d'argent vous faudrait-il par mois, juste pour couvrir les dépenses courantes, et ne plus jamais devoir vous présenter à un travail ?

« Eh bien, vous savez que la plupart des gens veulent vivre plus longtemps et être en meilleure santé ?

« Il y a une compagnie qui se nomme [notre entreprise] et qui montre aux gens comment devenir plus en santé, sans devoir passer quatre heures par jour au gym. »

***

Jusqu'à présent, tout va bien. Nos prospects font « oui » en hochant la tête. Ils sont de notre côté. Aucune tension. Pas de vente. Pas de pression.

Mais revenons à notre histoire.

Nous avons réglé les détails. Notre prospect connait la mission sociale de notre entreprise. Nous savons également de combien d'argent notre prospect a besoin pour couvrir ses dépenses minimales et quelques petits extras, afin de ne plus être contraint de travailler.

Revenons maintenant à la question initiale que nous lui avons posée : « Que diriez-vous de ne plus jamais devoir occuper un emploi ? » Notre prospect se demande probablement à quel moment nous allons lui dire comment il peut rester à la maison plutôt que d'aller travailler.

Alors, continuons. On lui dira :

« Maintenant, si vous souhaitiez ne plus jamais devoir occuper un emploi, il vous suffirait d'aider 400 familles à acheter de meilleurs produits de nutrition plutôt que les produits génériques qu'elles achètent habituellement. »

Expliquons cette phrase. Nous l'avons débutée en disant : « Maintenant, si vous souhaitez ne plus jamais devoir occuper un emploi. » Nous débutons avec cette phrase pour ramener notre prospect à la question initiale. Nous ne voulons pas qu'il pense à autre chose pour l'instant.

Ensuite, nous disons : « Il suffit de... » Cela indique à notre prospect que notre explication sera concise et facile à comprendre. Les prospects adorent ça.

Et enfin, on doit résumer le plan de rémunération. À ce stade de la conversation, notre prospect ne veut pas connaître tous les détails. Il veut savoir : « De manière générale, que devrais-je faire pour gagner cet argent afin de pouvoir rester chez moi ? »

La grande majorité des prospects ne connaissent pas le vocabulaire de notre industrie. On ne peut pas utiliser des mots tels que « jambes » ou « pattes » ou « niveaux » ou « volume de groupe. » On doit résumer les choses dans des termes que notre prospect peut comprendre facilement.

Alors, comment les prospects comprennent-ils le monde des affaires ? Ils visualisent en général un magasin avec des clients. Ils évaluent l'entreprise en fonction de ses clients. Nous allons donc utiliser cette notion de clients.

La dernière partie de notre phrase était : « … d'aider 400 familles à acheter de meilleurs produits de nutrition plutôt que les produits génériques qu'elles achètent habituellement. »

C'est clair et facile à comprendre pour tous les prospects.

Mais il y a un problème. Notre prospect risque de paniquer et se dire : « 400 familles ! Je ne connais pas 400 familles. C'est impossible ! »

Ne vous inquiétez pas. On désamorcera cette peur dans la prochaine phrase.

Mais comment en sommes-nous arrivés à 400 familles ? C'est une approximation. Nous savons à peu près combien chaque client rapporte. Mais cela varie selon une foule de facteurs : si c'est un client personnel ou le client d'un membre de notre équipe, s'il y a une prime de démarrage rapide ou une promotion à ce moment-là, etc. Sans oublier qu'il faut ajuster ce nombre de clients en fonction du revenu dont notre prospect a besoin pour rester chez lui et payer ses factures. Une personne qui a besoin de 5 000 dollars par mois aura besoin de beaucoup plus de clients.

Ne vous souciez pas du nombre exact. On veut simplement utiliser un chiffre réaliste afin que notre prospect comprenne notre entreprise.

Surmonter la crise de panique de notre prospect.

Notre prospect se dit : « 400 clients ! C'est trop. Je ne pourrais jamais y arriver. »

Pour détendre notre prospect, nous allons faire un tour de magie. Oui, nous allons lire dans ses pensées.

Nous poursuivrons notre histoire deux-minutes ainsi :

« Maintenant, vous ne savez pas comment dénicher 400 clients, mais vous pouvez l'apprendre. Vous avez appris à utiliser un téléphone intelligent, vous avez appris à utiliser la télécommande à 100 boutons qui contrôle votre téléviseur, alors vous pouvez certainement apprendre un système pour aider 400 clients à être en meilleure santé et plus heureux. »

Ouah ! À quoi pense notre prospect ?

« En plein dans le mille ! Vous avez tellement raison. Je n'ai aucune idée comment faire pour trouver 400 clients. Vous lisez dans mes pensées. Je peux vous faire confiance. J'ai effectivement appris à utiliser un téléphone intelligent... et cette satanée télécommande ! C'était compliqué, mais j'y suis arrivé. À bien y penser, je suis presque un génie ! J'ai la capacité d'apprendre de nouvelles choses. Et vous me dites qu'il existe un système pour y arriver ? De la musique à mes oreilles. Je peux donc obtenir des instructions, étape par étape, et il me suffit de les apprendre et les suivre ? Bien que ça me semble complexe pour le moment, je crois que ce système me permettra de dénicher 400 clients. Je pense que je peux y arriver. »

Cette phrase accomplit beaucoup en peu de mots. Lorsque nous terminons cette phrase, notre prospect envisage la possibilité que notre entreprise puisse remplacer son revenu professionnel à temps plein.

Cette phrase ne va-t-elle pas soulever beaucoup de questions de la part de notre prospect ?

Peut-être. Certains prospects peuvent avoir beaucoup de questions.

La bonne nouvelle, c'est que nous n'avons pas besoin d'être des experts pour répondre à ces questions. On peut répondre à la plupart des questions en disant : « Vous apprendrez à le faire lorsque vous vous brancherez à notre système. »

Voici quelques exemples.

Prospects : « Je ne sais pas où trouver des gens qui désirent être en meilleure santé et vivre plus longtemps. »

Nous : « Ne vous inquiétez pas. Vous apprendrez à le faire lorsque vous vous brancherez à notre système. »

Prospects : « Je ne sais pas comment parler aux gens. »

Nous : « Ne vous inquiétez pas. Vous apprendrez à le faire lorsque vous vous brancherez à notre système. »

Prospects : « Je suis une personne timide. Je ne suis pas à l'aise de parler aux étrangers. »

Nous : « Ne vous inquiétez pas. Vous apprendrez à devenir très confortable avec les étrangers lorsque vous vous brancherez à notre système. »

Prospects : « Je ne sais pas comment faire ça, et n'importe quoi d'autre en fait. »

Nous : « Ne vous inquiétez pas. L'entreprise ne s'attend pas à ce que nous sachions comment développer cette entreprise avant de commencer. C'est la raison pour laquelle nous avons une formation. Vous apprendrez à faire ce métier étape par étape lorsque vous vous brancherez à notre système. »

Nous répondrons aux questions de nos prospects en nous référant au « système. » Cela offrira à nos prospects la certitude qu'ils peuvent réussir à développer leur propre entreprise.

Avant d'expliquer tous les détails de notre système à nos prospects, nous devons d'abord obtenir une décision de leur part. Inutile de parcourir tous les détails de notre formation avec quelqu'un qui ne souhaite pas se joindre à l'équipe. Ce serait une perte de temps considérable.

Avant de conclure, voyons à quoi ressemble notre histoire deux-minutes jusqu'à maintenant.

***

« J'ai une bonne histoire. Elle dure environ deux minutes. Elle peut vous rapporter beaucoup d'argent, ou pas. Vous voulez l'entendre ?

« Que diriez-vous de ne plus jamais devoir occuper un emploi ?

« Combien d'argent vous faudrait-il par mois, juste pour couvrir les dépenses courantes, et ne plus jamais devoir vous présenter à un travail ?

« Eh bien, vous savez que la plupart des gens veulent vivre plus longtemps et être en meilleure santé ?

« Il y a une entreprise qui se nomme [notre entreprise] et qui montre aux gens comment devenir plus en santé, sans devoir passer quatre heures par jour au gym.

« Maintenant, si vous souhaitiez ne plus jamais devoir occuper un emploi, il vous suffirait d'aider 400 familles à acheter de meilleurs produits de nutrition plutôt que les produits génériques qu'elles achètent habituellement.

« Maintenant, vous ne savez pas comment dénicher 400 clients, mais vous pouvez l'apprendre. Vous avez appris à utiliser un téléphone intelligent, vous avez appris à utiliser la télécommande à 100 boutons qui contrôle votre téléviseur, alors vous pouvez certainement apprendre un système pour aider 400 clients à être en meilleure santé et plus heureux. »

***

Notre histoire deux-minutes se présente très bien ! Alors, demandons à notre prospect de nous dire s'il est d'accord ou non.

Comment conclure et obtenir une décision.

Pour y parvenir, nous poserons une question simple. Nous voulons savoir si notre prospect veut maintenir sa vie telle qu'elle est... ou s'il désire se lancer en affaires avec nous.

C'est tout. C'est la seule décision qu'on recherche à ce stade.

Si notre client potentiel dit « non » et qu'il préfère ne rien changer à sa vie, c'est parfait. Nous avons terminé. Notre prospect se souviendra toujours de notre histoire. Alors, lorsque les temps seront plus difficiles dans le futur, il pensera à nous, et il le fera positivement. Le timing est déterminant dans notre entreprise.

Comment amorcer cette question pour conclure ? Comme suit :

« Alors qu'est-ce qui sera plus facile pour vous ? »

Quelle merveilleuse question. Aucune pression sur notre prospect, et elle nous donne fière allure ! En posant une telle question, nous sommes très loin du cliché du vendeur véreux avec un agenda caché. On se contente de demander à notre prospect s'il souhaite garder la même vie, ou joindre notre entreprise. On lui laisse le plein contrôle sur sa vie.

Comment doit-on compléter cette phrase ? Avec les deux seuls choix possibles :

Choix # 1 : Garder sa vie telle qu'elle est. Ne rien changer.

Choix # 2 : Changer sa vie. Démarrer sa nouvelle entreprise maintenant.

Voici quelques exemples.

« Alors qu'est-ce qui sera plus facile pour vous ? Continuer à vous débattre avec un seul chèque de paie ? Ou commencer à apprendre un système pour développer votre nouvelle entreprise et ne plus jamais devoir occuper un emploi éventuellement ? »

« Alors qu'est-ce qui sera plus facile pour vous ? Continuer à vous réveiller au son du cadran à 6 heures du matin pour affronter le trafic vers le boulot ? Ou d'apprendre un système afin de développer votre propre entreprise et travailler de votre domicile et aux heures qui vous plaisent dans quelques mois ? »

« Alors qu'est-ce qui sera plus facile pour vous ? Continuer à faire un travail que vous détestez cinq jours par semaine ? Ou démarrer votre entreprise avec nous ce soir, afin de faire un travail valorisant, à votre rythme et de la maison d'ici un an ou deux ? »

« Alors qu'est-ce qui sera plus facile pour vous ? Continuer à confier l'éducation de vos enfants à la garderie ? Ou démarrer votre entreprise ce soir afin de pouvoir élever vos enfants vous-même de la maison l'an prochain ? » (D'accord, un peu fort, mais c'est facile à retenir.)

« Alors qu'est-ce qui sera plus facile pour vous ? Espérer une augmentation de salaire de 50% à votre travail ? Ou suivre une formation dès maintenant et apprendre le système pour ne plus jamais devoir occuper un emploi ? »

« Alors qu'est-ce qui sera plus facile pour vous ? Occuper deux emplois pour le reste de votre vie histoire de joindre les deux bouts ? Ou démarrer votre entreprise à temps partiel ce soir pour vous permettre de faire le pont, quitter un emploi et, un peu plus tard, travailler à temps partiel et vivre à temps plein ? »

Et voilà. C'est terminé.

Nos prospects peuvent choisir l'option qui leur semblera la plus facile. Ils choisissent une option, nous n'avons pas besoin de conclure. On respecte le choix de notre prospect. Il nous respecte aussi.

Examinons cette histoire deux-minutes dans son intégralité.

Toute l'histoire.

Prêts ?

Cette histoire peut changer nos vies.

***

« J'ai une bonne histoire. Elle dure environ deux minutes. Elle peut vous rapporter beaucoup d'argent, ou pas. Vous voulez l'entendre ? »

« Que diriez-vous de ne plus jamais devoir occuper un emploi ?

« Combien d'argent vous faudrait-il par mois, juste pour couvrir les dépenses courantes, et ne plus jamais devoir vous présenter à un travail ?

« Eh bien, vous savez que la plupart des gens veulent vivre plus longtemps et être en meilleure santé ?

« Il y a une entreprise qui se nomme [notre entreprise] et qui montre aux gens comment devenir plus en santé, sans devoir passer quatre heures par jour au gym.

« Maintenant, si vous souhaitiez ne plus jamais devoir occuper un emploi, il vous suffirait d'aider 400 familles à acheter de meilleurs produits de nutrition plutôt que les produits génériques qu'elles achètent habituellement.

« Maintenant, vous ne savez pas comment dénicher 400 clients, mais vous pouvez apprendre. Vous avez appris à utiliser un téléphone intelligent, vous avez appris à utiliser votre télécommande à 100 boutons qui contrôle votre téléviseur, et vous pouvez certainement apprendre un système pour aider 400 clients à être en meilleure santé et plus heureux.

« Alors qu'est-ce qui sera plus facile pour vous ? Continuer à vous rendre à un travail que vous détestez cinq jours par semaine ? Ou démarrer votre entreprise avec nous ce soir, de sorte que l'an prochain, vous pourriez opérer votre propre entreprise de la maison ? »

***

Si cette histoire pouvait nous procurer la liberté financière, quels efforts devrions-nous déployer pour la mémoriser ?

Oui, c'est un peu plus complexe qu'une présentation de quatre ou cinq phrases, mais elle en vaut vraiment la peine.

Et si cette histoire permettait une présentation sans effort pour nous et nos prospects, à quelle fréquence l'utiliserions-nous ? Elle contribuera certainement à raccourcir les conversations téléphoniques.

Demandez à Dale Moreau, professionnel du marketing de réseau, un des meilleurs dans l'utilisation de l'histoire deux-minutes pour développer son entreprise. Tout ce que nous devons faire est terminé en moins de deux minutes. Fini les longues présentations classiques pour finalement découvrir que nos prospects ne sont pas intéressés.

Les prospects adorent l'histoire deux-minutes. Voyez-le de leur point de vue. Toute l'histoire est centrée sur eux, et elle est courte et précise.

Une fois que nous aurons raconté l'histoire pendant quelques semaines, nous pourrons la répéter dans notre sommeil. À ce stade, nous n'aurons plus à nous inquiéter de la suite de l'histoire et on pourra plutôt se concentrer sur nos prospects, et la façon dont nous pouvons les aider.

L'histoire deux-minutes est la présentation d'affaire la plus puissante que nous puissions utiliser en tête-à-tête avec un prospect. Nous adaptons l'histoire à ses objectifs de revenus, et l'histoire lui est entièrement consacrée. C'est la raison pour laquelle, pour notre prospect, c'est l'histoire la plus captivante au monde.

Cette histoire deux-minutes peut-elle être améliorée ? Bien sûr. Le livre « *L'Histoire Deux-Minutes* » amène cette formule de présentation à un niveau supérieur, mais on peut très bien débuter et performer avec ce que nous avons décortiqué dans ce livre. On peut débuter en utilisant n'importe laquelle des trois présentations discutées jusqu'ici. La clé, c'est de commencer. Mieux vaut passer à l'action que de perfectionner des compétences que nous n'utilisons jamais avec les prospects.

LES PRÉSENTATIONS DE GROUPES.

Vous êtes-vous déjà sentis nerveux devant un groupe ?

Détendez-vous. C'est normal. Pourquoi se sent-on nerveux ?

Parce que tout le groupe nous juge. Ça rendrait n'importe qui nerveux !

Lorsqu'on se tient debout devant un groupe, voici ce que pensent les autres. « Qui êtes-vous ? Serez-vous intéressant ? Est-ce que vous ferez une présentation de vente ? Combien de temps cela va-t-il durer ? Puis-je croire ce que vous direz ? Laissez-moi évaluer votre sens de la mode. »

Notre groupe ne pense aucunement à notre opportunité d'affaire. Ils sont trop occupés à nous juger.

Prenez le contrôle de leurs cerveaux sur-le-champ.

Les humains ne peuvent entretenir qu'une seule pensée à la fois. Plaçons une pensée dans leur esprit afin qu'ils n'aient pas de place pour toutes ces analyses et jugements à notre égard. Comment allons-nous mobiliser leur esprit ?

On peut commencer par une question. Le groupe devra alors réfléchir pour répondre à notre question. Ils ne pensent plus à nous, mais plutôt à la réponse à notre question. Problème résolu.

Suite à notre question initiale, nous pouvons continuer à stimuler leurs esprits. De cette façon, ils devront se concentrer sur ce que nous leur présentons. Et voici la bonne nouvelle.

Nous n'avons à contrôler leur esprit que durant les 30 premières secondes. Après 30 secondes, les participants du groupe auront pris leurs décisions. On veut donc que l'ensemble de notre message soit comprimé dans les 30 premières secondes de notre allocution. Tout le monde peut apprendre et mémoriser 30 secondes d'information sur son entreprise. Vous voulez voir à quoi cela ressemble concrètement ?

Nous allons nous présenter devant le groupe et dire ceci.

***

« Je vous fais la version courte. Combien de personnes ici ce soir veulent être en meilleure santé et vivre plus longtemps ? Posez-vous la question suivante : ‹ Serait-il possible de ralentir mon vieillissement et me sentir plus jeune ? › C'est exactement ce qu'on fait. Maintenant, demandez-vous : ‹ Mes voisins m'apprécieraient-ils davantage si je leur permettais de se sentir mieux aussi ? › Bien entendu. Et bien en faisant ça, vous gagnerez de l'argent chaque fois que vos voisins utiliseront nos produits. »

***

Remarquez que nous n'avons pas parlé à nos prospects. Nous avons eu une conversation avec eux. Une conversation agréable.

Notre conversation était si engageante que nos prospects n'ont pas eu le temps de penser à nous ou de nous juger. Vous avez remarqué comment nous avons gardé le cerveau de nos prospects actif ?

L'introduction de notre présentation de groupe n'a durée que 30 secondes. La plupart des prospects se diront à la fin de ces 30 secondes : « Oui. C'est logique. Ça me semble plutôt bien. » À ce stade, nos prospects ont choisit leur camp, ils sont de notre côté. Ils peuvent maintenant apprécier les détails que nous allons partager avec eux. Les prospects ne voudront des détails qu'après avoir pris une décision positive.

Voyons pourquoi ça fonctionne si bien. Nous allons analyser chaque phrase.

« Je vous fais la version courte. » (Cette phrase d'introduction détend nos prospects. Elle leur annonce que nous irons droit au but, et que nous ne leur ferons pas perdre leur temps avec une présentation ennuyeuse et interminable.)

« Combien de personnes ici ce soir veulent être en meilleure santé et vivre plus longtemps ? » (Nos prospects réfléchissent maintenant à cette question. Ils pensent : « Bien sûr. Je n'ai jamais pensé que mourir tôt était un bon plan. » À présent, ils nous oublient. Ils pensent à eux et à leur santé.)

« Demandez-vous : ‹ Serait-il possible de ralentir mon vieillissement et me sentir plus jeune ? › » (Nos prospects se parlent à eux-mêmes à propos de notre entreprise. C'est une question évidente. Nous savons que nos prospects répondront « oui » à cette question.)

« C'est exactement ce qu'on fait. » (C'est clair et net. Nos prospects aiment ce qu'on fait. C'est bien, non ?)

« Maintenant, demandez-vous : ‹ Mes voisins m'apprécieraient-ils davantage si je leur permettais de se sentir mieux aussi ? › » (Leurs esprits se portent sur leurs voisins. Pas le temps de penser à nous).

« Bien entendu. » (Ils peuvent s'imaginer être remerciés par leurs voisins.)

« Eh bien en faisant ça, vous gagnerez de l'argent chaque fois que vos voisins utiliseront nos produits. » (Rien d'autre à discuter. Nous avons raconté toute l'histoire en 30 secondes.)

Nos 30 premières secondes ont permis à l'auditoire de prendre la décision. Tout ce qui suivra ces 30 premières secondes ne sera que formalité et détails. On peut se détendre.

Nous ne sommes qu'à 30 secondes d'une grande présentation de groupe sur notre opportunité d'affaire. C'est ce que nous dirons en premier lieu qui fera toute la différence. C'est la raison pour laquelle on se concentre tant sur les 30 premières secondes. Après cette introduction de 30 secondes, nous pouvons couvrir les détails dans notre présentation.

Comment l'adapter à une présentation de groupe pour des clients potentiels ?

Voici une approche différente. Nous pouvons débuter notre présentation de groupe en racontant notre histoire personnelle. Nos clients potentiels s'imagineront dans la même situation. Ils visualiseront notre histoire dans leur esprit, mais en devenant le personnage principal. Et devinez quoi ? Ils arriveront à la même conclusion que nous.

Voici un exemple de ce à quoi pourrait ressembler notre histoire pour démarrer une présentation de groupe.

« Vieillir fait vraiment mal. Chaque matin en me réveillant, je me sentais vieux. J'ai décidé que passer le reste de ma vie en panne d'énergie n'était une option qui me convenait. Le moment était venu de reconstruire mon corps pour recommencer à me sentir jeune. J'ai alors commencé à prendre cet ensemble de nutrition quotidiennement. Mon corps a besoin de super matériaux pour se reconstruire. En 14 jours, j'ai commencé à me réveiller avec l'énergie d'un enfant le samedi matin. J'aurais aimé commencer il y a 10 ans. »

Ensuite, nous demandons au groupe : « Comment vous sentez-vous quand vous vous réveillez tous les matins ? »

Nos prospects prendront naturellement la même décision que nous. Se sentir jeune et énergique est mieux que de se sentir vieux et fatigué.

Mais que faire si on n'utilise pas personnellement le produit qu'on promotionne ? Dans ce cas, nous devrons raconter au public l'histoire de quelqu'un d'autre. Par exemple, nous pourrions dire : « Ma grand-mère avait l'habitude de rester assise à la maison et se plaindre toute la journée. Ça a duré des années. Tout était douloureux et elle se plaisait à nous partager sa douleur. Eh bien, nous avons branché grand-mère sur cet ensemble de nutrition de base il y a quelques temps, et maintenant elle prend des cours de karaté et de break dance le week-end. Je ne sais pas ce qu'il y a dans ces trucs, mais je commence à en prendre dès que possible. »

Bon, un tantinet exagéré, mais vous saisissez l'idée.

Les présentations de groupe sont amusantes et faciles à faire. Quand on rend les 30 premières secondes percutantes, le reste de la présentation est une simple formalité.

OÙ ET COMMENT TROUVER DES PROSPECTS.

Nous avons maintenant les compétences nécessaires pour faire des présentations courtes. Et en posant une ou deux questions, on peut qualifier nos prospects. Quelques phrases suffisent ensuite pour amener nos prospects à prendre la bonne décision : « oui. »

La bonne nouvelle, c'est que nos amis et parents apprécieront notre approche conviviale.

La mauvaise nouvelle, c'est que nous allons rapidement manquer de prospects dans notre cercle d'influence, vu la rapidité de la qualification et de nos présentations.

Alors, que faire ? Comment trouver de nouveaux prospects ? Mettons-nous au travail.

Préjuger.

Ça semble être un mauvais mot, mais c'est quelque chose que nous faisons.

Tout le monde n'est pas un prospect. Les gens qui vivent en Amazonie ? Pas des prospects. Les gens qui ont mauvais caractère et à qui il est difficile de parler ? Pas des prospects.

Les personnes de moins de 18 ans ? Non plus. Comme on peut le constater, tout le monde n'est pas un prospect pour notre entreprise.

Mais, il reste tout de même beaucoup de gens. Trop de gens à qui nous pouvons parler. Notre temps est limité. Alors à qui devrions-nous choisir de parler ? À des personnes ouvertes d'esprit et qui cherchent ce que nous avons à offrir ? Ou des gens qui sont trop bornés ou à peine qualifiés ?

La réponse est évidente. Si on ne peut parler qu'à un seul segment de la population, parlons aux personnes les plus qualifiées. On souhaite s'adresser aux prospects qui ont les meilleures chances de devenir des clients ou des partenaires d'affaires.

Imaginez. Chaque personne connaît au moins 200 personnes que nous ne connaissons pas. Nous ne voulons pas parler à chacune de ces 200 personnes. Beaucoup d'entre elles ne sont pas qualifiées. Mais sur ces 200 personnes, il doit y avoir cinq ou dix personnes qui seraient idéales pour notre entreprise et nos produits. Consacrons notre temps à parler à ces prospects.

Comment les trouver ? Il suffit de demander.

On peut demander à nos clients actuels. On peut demander à nos amis qui n'ont pas choisi de se joindre à nous. Et on peut demander à de parfaits inconnus s'ils connaissent des gens qui veulent ce que nous avons à offrir.

Voici la mauvaise façon de demander des références : « Connaissez-vous quelqu'un qui pourrait être intéressé ? »

La plupart des gens répondront « non. » Nous n'obtiendrons pas beaucoup de références de cette façon.

Comment demander des références sans risquer d'être rejetés ? Nous utiliserons plutôt ce petit script :

« Je suis curieux. Pouvez-vous me rendre un service ? Je cherche des personnes qui ont ce problème et qui désirent le résoudre. Connaissez-vous quelqu'un que je pourrais aider ? »

Ce script augmentera grandement nos chances d'obtenir des références. Regardons ce qui se cache dans ce script, phrase par phrase.

- « Je suis curieux. » Il y a quelque chose dans cette phrase qui désarme les gens. Elle rend même les gens méchants gentils. Ce sont des mots formidables pour entamer une conversation avec un étranger.
- « Pouvez-vous me rendre un service ? » La plupart des gens sont heureux de nous faire une faveur si cela ne leur coûte pas d'argent ou ne les oblige pas à déménager nos meubles.
- « Je cherche des gens qui ont ce problème et qui désirent le résoudre. » Nous leur mentionnons le type de personne que nous recherchons. Une personne aux prises avec ce problème, et surtout, qui souhaite le régler. On obtient alors des références pré-qualifiées. Rien ne sert de parler à un prospect qui ne veut pas régler son problème.
- « Connaissez-vous quelqu'un que je pourrais aider ? » Si nous semblons dignes de confiance, ils nous donneront

le nom de cette personne qui pourrait avoir besoin de notre aide.

Alors, quel est « ce problème » dans cette formule pour obtenir des références ? Il s'agit naturellement d'un problème qu'on peut résoudre. Voyons un exemple « dans le feu de l'action. »

« Je suis curieux. Pourriez-vous me rendre un service ? Je cherche des gens fatigués qui ont du mal à se réveiller tous les matins. Vous connaissez quelqu'un qui vit ce problème ? »

Quel est le problème ? Se réveiller et commencer sa journée déjà fatigué est un problème. Nous devrions alors obtenir le nom de quelqu'un qui veut se réveiller tous les matins plein d'énergie et enthousiaste. C'est quelqu'un avec qui il sera facile de parler.

Que pensez-vous de celle-ci ?

« Je suis juste curieux. Pourriez-vous me rendre un service ? Je cherche des grands-mères qui veulent avoir tant d'énergie que leurs petits-enfants se plaindront : « Grand-maman ! Grand-maman ! Ralentis. On n'arrive pas à te suivre ! Connaissez une grand-mère comme ça ? »

C'est la phrase clé. « Je cherche des gens qui vivent ce problème, et qui désirent le régler. » Il suffit de charger cette phrase de nos solutions et nous pourrons bientôt obtenir toutes les références dont nous avons besoin.

Quelques utilisations de cette phrase clé pour notre opportunité d'affaires ?

- Je cherche des mères célibataires stressées, qui veulent changer leur vie.

- Je cherche des personnes qui ont un emploi, et qui désirent être libres.

- Je cherche des étudiants qui ont des dettes et qui cherchent un moyen pour les rembourser rapidement.

- Je cherche des personnes qui sont fatiguées de faire la navette et qui préféreraient travailler à la maison.

- Je cherche des personnes qui sont sur le point de prendre leur retraite et qui désirent doubler leur pension.

- Je cherche des personnes qui ont beaucoup de dettes de cartes de crédit et qui souhaitent trouver un moyen de les rembourser rapidement.

- Je cherche des personnes qui ont une carrière mal rémunérée et qui aimeraient gagner beaucoup plus.

- Je cherche des personnes qui aiment voyager, mais qui voudraient mériter des voyages gratuits plutôt que de dépenser leur propre argent.

- Je cherche des parents qui ont un emploi et qui aimeraient bénéficier d'horaires plus souples pour pouvoir être à la maison avec les enfants.

- Je cherche des personnes qui aiment les pauses café et discuter avec les gens, et qui aimeraient faire carrière en prenant cinq pauses café par jour.

En 15 minutes, nous pouvons créer une longue liste de gens que nous pourrions aider.

Voici ma préférée.

« Je cherche des gens qui ont deux emplois et qui aimeraient en éliminer un. »

Que savons-nous des gens qui ont deux emplois ? Eh bien, ils ont besoin d'argent supplémentaire. Ils sont autonomes. Ils ont fait des démarches pour obtenir ce second emploi. Désirent-ils occuper deux emplois pour le reste de leur vie ? Bien sûr que non. Si nous pouvions les aider à se débarrasser d'un de ces emplois, ils seraient sans doute ravis. On pourrait s'attendre à un gros câlin. Et si nous pouvions les aider à se débarrasser de leurs deux emplois, ils pourraient nous serrer si fort dans leurs bras que nous en aurions les côtes brisées.

Ce petit scénario de prospection, demander des références, peut nous mener vers les meilleurs prospects, les plus ouverts d'esprit que les autres connaissent. Donc, si on peut choisir à qui parler, adressons-nous aux personnes les plus qualifiées que nous puissions dénicher.

C'est facile de trouver de bons prospects à qui parler. Tant de gens ont des problèmes, et nous avons des solutions.

Que dire lors des événements de réseautage.

Clubs de petits-déjeuners d'affaires, groupes de mixage de la chambre de commerce locale, groupes d'échange de prospects, groupes MeetUp, etc. Les endroits où les gens se rencontrent ne manquent pas. Voici un extrait de notre livre : « *51 Ways and Places to Sponsor New Distributors.* »

***

Il y a de nombreuses années, Bob et Anna Bassett du Canada, ont partagé leur technique du « Test des cinq questions. » Ils m'ont raconté l'histoire de leur ami, Herbie.

Herbie parlait à un prospect lors d'un événement de réseautage, puis soudain, il se retournait et quittait, parfois même au beau milieu d'une phrase. Lorsqu'on l'a interrogé sur ce comportement inhabituel, Herbie a répondu : « Eh bien, il n'a pas passé le Test des Cinq Questions. »

Qu'est-ce que le Test des Cinq Questions ?

Herbie a expliqué : « Eh bien, quand je rencontre quelqu'un de nouveau, j'essaie d'en apprendre le plus possible sur lui en lui posant des questions. Je lui pose cinq questions pour démarrer et alimenter notre conversation. S'il ne m'a pas posé de question en retour après cinq questions, alors je sais qu'il ne s'intéresse qu'à lui-même. Je quitte la conversation tout simplement. Rien ne sert de parler plus longtemps à quelqu'un qui échoue au Test des Cinq Questions. »

La prospection, ça n'est pas à propos de vous, c'est à propos de vos prospects.

N'amorcez pas une conversation en parlant de vous et de votre entreprise. Rapidement, personne ne vous écoutera. Amassez plutôt un maximum d'informations sur vos prospects.

Découvrez s'ils ont un problème que vous pouvez résoudre. Établissez une connexion avec eux. Ensuite, lorsqu'ils décideront de résoudre leur problème, ils choisiront de le résoudre en adoptant votre solution.

Bref, peu importe si vos prospects échouent le Test des Cinq Questions. Ce qui compte, c'est que vous réussissiez le Test des Cinq Questions.

***

Alors comment savoir si notre prospect a un problème ? Nous lui posons la question.

Les prospects adorent parler. Ils n'auront aucun problème à répondre à nos questions.

Désormais, c'est notre prospect qui va se charger de la majeure partie de la conversation. Nous l'écoutons. Nous recueillons des indices sur ses problèmes. Lorsqu'on note un problème qu'on peut résoudre, on pose une question ou on fait un commentaire sur le problème. Parfois, on doit attendre un peu pour le faire, histoire de ne pas couper la conversation.

Voici quelques exemples de ce à quoi pourrait ressembler notre rôle dans la conversation.

- « Ça vous convient d'être si occupé que vous n'avez pas de temps pour votre famille ? »
- « Comment vous sentez-vous durant ce long trajet quotidien ? »
- « Prévoyez-vous obtenir une importante augmentation de salaire au travail cette année ? »
- « Oui. Le travail nous donne peu d'espoir. Si on ne démarre pas notre propre entreprise, alors on est condamné à une vie de labeur. »
- « Vous avez raison. Les choses sont si dispendieuses maintenant. Que faites-vous pour recevoir plus d'argent chaque mois ? »
- « Oui. C'est impossible de s'en sortir avec un seul salaire aujourd'hui. »

Nous pourrions utiliser la même technique dans les soirées.

Si nous n'aimons pas fréquenter les événements de réseautage, entouré d'inconnus, nous pouvons aller à des fêtes ou des soirées !

Donnez un coup de pouce à votre hôte. Prenez un plateau d'amuse-gueule et circulez d'une personne à l'autre en leur offrant quelque chose à manger. Quel moyen simple d'entamer la conversation ! On trouvera rapidement un moment approprié pour utiliser notre brise-glace.

À combien de fêtes pouvons-nous assister ? Oh là là ! Ce pourrait être un défi amusant.

Avec un choix illimité de prospects pré-qualifiés, la prospection ne sera plus jamais un problème.

ET ENFIN...

Toutes les techniques de ce livre fonctionnent mieux lorsqu'on les utilise. Posséder les connaissances et ne pas les utiliser équivaut à ne pas avoir les connaissances.

Alors revoici le portrait global.

La plupart des prospects sont pré-qualifiés. Ils désirent une meilleure santé. Ils désirent vivre plus longtemps. Ils souhaitent plus d'argent dans leurs vies.

Nous devrions converser avec nos prospects en traversant ces quatre étapes, et en respectant l'ordre naturellement.

1. Développer une connexion

2. Introduire notre entreprise avec un brise-glace.

3. Conclure avec nos prospects. Obtenir une décision tout de suite.

4. Et finalement, si la réponse est « oui, » leur offrir une présentation courte.

Si nous utilisons ces quatre étapes dans l'ordre, nous n'aurons plus à nous soucier d'une quelconque forme de rejet. Les prospects vont nous adorer.

Et c'est ce qui rend le développement de notre entreprise de marketing relationnel non seulement agréable, mais aussi profitable.

Et comme le dit si bien Eugene Hong, grand leader en marketing de réseau : « On désire connaître tellement de succès dans notre entreprise que chaque jour on puisse ouvrir les yeux et se lever lorsque nous avons terminé de dormir. »

MERCI.

Merci d'avoir acheté et d'avoir lu ce livre traitant de quelques unes des techniques de motivation utilisées en marketing relationnel. J'espère que vous y avez trouvé quelques idées qui fonctionneront aussi pour vous.

Avant de vous laissez, accepteriez-vous de me faire une petite faveur ? Pourriez-vous prendre une toute petite minute pour rédiger une phrase ou deux afin d'évaluer ce livre en ligne ? Votre évaluation aidera d'autres entrepreneurs à choisir leur prochaine lecture. Ces commentaires sont grandement appréciés des autres lecteurs.

**Ce livre est dédié aux gens de marketing
de réseau de partout.**

Je voyage de par le monde plus de 240 jours chaque année.
Laissez-moi savoir si vous souhaitez que tienne une formation
(Big Al Training) dans votre secteur.

→ BigAlSeminars.com ←

D'AUTRES LIVRES DE BIG AL BOOKS
BIGALBOOKS.COM/FRENCH

Les Quatre Couleurs de Personnalités

Les BRISE-GLACES !

Comment établir instantanément Confiance, Crédibilité Influence et Connexion !

PREMIÈRES PHRASES pour Marketing de Réseau

La Présentation Minute

Comment développer votre entreprise de marketing de réseau en 15 minutes par jour

Tout Sur les Suivis Auprès de Vos Prospects en Marketing de Réseau

Guide de Démarrage Rapide en Marketing Relationnel

L'histoire Deux-Minutes pour le Marketing de Réseau

Comment Développer des Leaders en Marketing Relationnel Volume Un

Pré-Conclure en Marketing Relationnel

3 Habitudes Faciles pour Marketing de Réseau

Créer un Pouvoir d'Influence

À PROPOS DE L'AUTEURS

Keith Schreiter cumule plus de 20 années d'expérience en marketing relationnel et à paliers multiples. Il enseigne aux réseauteurs comment utiliser des systèmes simples pour ériger une entreprise stable et en perpétuelle croissance.

Alors, vous avez besoin de plus de prospects ? Souhaitez-vous que vos prospects s'impliquent plutôt que de tourner en rond ? Vous aimeriez savoir comment engager votre équipe et la maintenir en mouvement ? Si ce sont les types de compétences que vous aimeriez maîtriser, vous adorerez son style « ABC - guide pratique. »

Keith donne des formations et conférences aux États-Unis, au Canada et en Europe.

Tom « Big Al » Schreiter possède plus de 40 ans d'expérience en marketing de réseau et marketing à paliers multiples. En tant qu'auteur des livres classiques de formation « Big Al » publiés à la fin des années '70, il a depuis offert des conférences et ateliers dans plus de 80 pays sur comment utiliser des mots et des phrases précises pour entrer dans la tête des prospects, ouvrir leur esprit et leur faire dire « OUI. »

Sa passion réside dans les idées marketing, les campagnes promotionnelles et les techniques pour s'adresser au subconscient de façon simple et efficace. Il est toujours à l'affut des phénomènes et campagnes marketing innovatrices qui fournissent bien souvent de nouvelles clés.

En tant qu'auteur de nombreuses formations audio, Tom est un orateur très prisé dans les conventions annuelles et les événements régionaux.